TRAFFIC

流量密码

新媒体内容创作技巧

刘仕杰◎著

PASSWORD

華中科技大學出版社
http://www.hustp.com
中国·武汉

图书在版编目(CIP)数据

流量密码:新媒体内容创作技巧 / 刘仕杰著. —武汉:华中科技大学出版社，2022.9
ISBN 978-7-5680-8691-2

Ⅰ. ①流… Ⅱ. ①刘… Ⅲ. ①传播媒介－网络营销 Ⅳ. ①G206.2

中国版本图书馆CIP数据核字(2022)第152315号

流量密码:新媒体内容创作技巧 刘仕杰 著
Liuliang Mima : Xinmeiti Neirong Chuangzuo Jiqiao

策划编辑：饶 静
责任编辑：程 琼
封面设计：琥珀视觉
责任校对：刘 竣
责任监印：朱 玢
出版发行：华中科技大学出版社(中国·武汉) 电话:(027)81321913
武汉市东湖新技术开发区华工科技园 邮编:430223
录 排：孙雅丽
印 刷：武汉科源印刷设计有限公司
开 本：710mm×1000mm 1/16
印 张：16.75
字 数：208千字
版 次：2022年9月第1版第1次印刷
定 价：52.00元

华中出版

本书若有印装质量问题,请向出版社营销中心调换
全国免费服务热线:400-6679-118 竭诚为您服务

前 言

新媒体（New Media）是在数字技术和网络技术快速发展的形势下所诞生的新型媒体形式。早在2012年，《新媒体蓝皮书：中国新媒体发展报告（2012）》就指出中国的新媒体发展全球最快，中国互联网的发展速度不仅远超发达国家，也超过了许多发展中国家，具体体现在：中国互联网网民在2000年占全国的1.7%，而到了2011年则达到了38.3%；1999年中国网站的数量仅仅只有1.5万个，而在2009年，中国已经拥有了超过320万个网站；截止到2011年12月底，中国网页数量已经高达866亿个，与2010年同期相比增长了44.3%……放眼世界，中国是新媒体发展最快、用户最多、应用最丰富的国家，拥有最庞大和最为复杂的新媒体虚拟空间，形成了独具中国特色的新媒体传播生态。

新媒体的出现不仅改变了社会的传播形态，同时也改变了人们创作的表达方式及思维方式。比如，新媒体赋予了大众生产内容的权利，只要你在微博、微信等任何一个新媒体平台注册账号，就可以成为内容的生产者和传播者，也就是“人人都成了自媒体”。创作者的身份在互联网上前所未有地得以重视，极大地提升了创作者的热情。

又如，新媒体深刻地改变了我们的阅读方式，让我们进入了“屏读时代”。地铁上，公交上，早晚高峰期，背着公文包的职场男女，利用碎片时间阅读手机屏幕上的公众号文章的情景在生活中屡见不鲜。

从表面上看，我们的生活与新媒体的联系如此紧密，它已经成为人们离不开的资讯来源和社交工具。但是，奇怪的是，对于很多人来说，新媒体只可感受，却无法用言语说清楚它到底是什么。

为了让人们识得新媒体的“庐山真面目”——新媒体到底是什么，新媒体的平台有哪些，各平台的特点是什么，等等，让人们由表及里地正确认知新媒体，以便跟上新媒体的时代步伐，游刃有余地利用这一媒介为自己的生活和工作服务，成为我们写作本书的初衷。

值得注意的是，每一家新媒体平台上都活跃着庞大的用户群体，平台本身丰富多样的应用也不断吸引着更多用户加入，使之成为当前社会生活的最“中心”，因此，无论对于新媒体的从业者，还是普罗大众来说，新媒体写作都成为迫切需要掌握的一项必备的技能。

基于此，本书以新媒体的内容创作方法为主线，详细阐述新媒体这一“为了传播的写作”的创作规律，以飨读者。各部分的内容分布如下。

第一章：对新媒体这一风靡世界的“第五媒体”进行了正本清源：采用最新、最权威的相关资料对新媒体的定义、新媒体的各个平台及特点、新媒体内容生产的底层逻辑做了详尽阐述，让读者对新媒体有一个整体、系统的认识。

第二章：从新媒体从业者的必备技能——如何做选题策划入手，总结了新媒体各平台通用的选题方法，具有实操性。

第三章至第七章：介绍新媒体二十几年的发展历史，这期间经历了图文（第三章）到音频（第四章），再到视频（第五章）、直播（第六章）

及新媒体内容的“新枝叶”——H5、网课、脱口秀、年轻态喜剧（第七章）等多种形式的变化，以此为脉络，分门别类地对每一种形式的创作手法进行详细阐述，理论引领和案例有机结合，让读者对每一种形式的新媒体创作手法都有一个全面、专业的认知。

第八章：在人类命运共同体这一人类文明形态发展的大趋势下，结合具体案例分析我国新媒体对外传播应该如何进行选题策划；并且，就如何更好地进行“国际表达”，适时地介绍了国外新媒体传播的动向，几个主要的海外社交平台制作新闻的要求，以及对外传播需要注意的禁忌，从实际操作层面为读者提供详细、具体的指引。

可以预见，数字技术的未来发展前景广阔，与之相适应的新媒体行业的未来仍然大有可期。市场上有大量关于新媒体运营的书籍，但是却少有一本系统阐述新媒体各平台创作手法的“方法论”。

本书采用了最新的行业统计数据，介绍了具有代表性的案例，可以说为每一个新媒体从业者或者有意进入这个行业的人，提供了业内知识和具有可操作性的技能，帮助他们发挥潜力，根据新媒体平台特点做好内容生产，显著提升自身的新媒体应用能力，高效实现各自的传播目标，成长为一名优秀的新媒体内容生产者。

润米咨询创始人、知识付费领军人物刘润老师曾说：“越是不确定，越要好好修炼内功，要做长期主义者。”希望每一个新媒体从业者，都能够训练出敏锐的鉴别新媒体内容的眼光，成为一名内容创作领域的长期主义者。

目　录
Contents

第一章

风靡世界的“第五媒体”：新媒体

相对于报刊、户外、广播、电视四大传统意义上的媒体，新媒体被形象地称为“第五媒体”。数字化时代就是新媒体的时代。新媒体是以数字信息技术为基础，以互动传播为特点、具有创新形态的媒体，凭借其交互性、即时性、海量性、共享性等特点，打开了人们的信息通路，赢得了越来越多人的青睐。

“新媒体”在现代社会的语境里是一个耳熟能详的词汇，人们经常能听到这个名称，手机上也经常能收到关注的微信公众号平台发送的新推文。但是，当你问别人新媒体到底是什么时，得到的答案可能是公众号推文，可能是今日头条，或是抖音短视频……其实这些都只是新媒体的某种表现形式。

新媒体到底是什么？如何理解新媒体的行业本质？在“互联网+”浪潮席卷而来的当下，只有把新媒体诞生的科技背景和媒体属性结合起来，超越新的媒介形式、新的传播渠道等表象层面，才能更好地认知新媒体。

第一节　新媒体之“新”：新媒体的分类和定义

百度百科对“新媒体”的表述是利用数字技术，通过计算机网络、无线通信网、卫星等渠道，以及电脑、手机、数字电视机等终端，向用户提供信息和服务的传播形态。

从空间上来看，“新媒体”特指当下与“传统媒体”相对应的，以数字压缩和无线网络技术为支撑，利用其大容量、实时性和交互性的特点，可以跨越地理界线最终得以实现全球化的媒体。[①]要做好新媒体内容创作，首先，我们就要准确理解新媒体的概念、内涵和外延，这样才能在创作时划定新媒体的内容版图，做到有的放矢。

一、新媒体的定义

1986年，《外语电化教学》发表的冈村二郎先生的《视听教育在新媒体时代的地位》一文是中国新媒体研究的第一篇文章，并从此揭开了中

①本书编写组编．公务员核心能力提升培训教材[M]．北京：中国言实出版社，2014年1月版。

国新媒体研究的序幕。之后，随着新浪、搜狐、腾讯等门户网站的崛起，以及在2003年非典期间以手机短信为代表的“第五媒体”在传播中扮演重要角色，再加上之后的博客、社交网站和微博的接连兴起，“新媒体”的热度从此一路飙升。

虽然，“新媒体”受到越来越多的关注，但如何定义“新媒体”，业界和学界目前尚未达成共识。各种组织机构、专家学者、新媒体的从业者都从各自所处的不同领域，从不同的视角对“新媒体”进行定义。

例如：早期，联合国教科文组织对新媒体下过一个定义：“新媒体就是网络媒体。”与之类似的是把新媒体定义为“以数字技术为基础，以网络为载体进行信息传播的媒介”①。美国《连线》杂志认为：“新媒体是所有人对所有人的传播。”美国网络新闻学创始人、“博客（Blog）”报道形式的首创者丹·吉尔默则认为：“新媒体就是新闻媒介。”华纳兄弟总裁施瓦茨威格认为：“新媒体就是非线性播出的媒体。”媒介研究的原创媒介理论家麦克卢汉认为：“媒介即讯息，或者可以说新的传播媒介就是新媒体。”

相较于国外研究者从技术和媒介角度定义新媒体，国内学者和新媒体从业者或关联行业对新媒体的界定更加丰富多元，一些学者把眼光聚焦在与传统概念的比较上，如有专家提出：“只有媒体构成的基本要素有别于传统媒体，才能称得上是新媒体。否则，最多也就是在原来基础上的变形或改进提高。”再如，上海文广新闻传媒集团总裁黎瑞刚认为：“所谓新媒体，是一个相对的概念，是对于我们平时见到的报刊、广播、电视等传统媒体以后发展起来的新的媒体形态，最常见的就是数字媒体和新媒体。” 更有人把近10年内基于技术变革出现的一些新的传播形态，

①陶丹，张浩达.《新媒体与网络传播》[M].北京：科学出版社，2001年6 月版，第3页前言。

或一直存在但长期未被社会发现传播价值的渠道、载体都称作新媒体。[①]

也有的学者，从技术角度，阐述和诠释新媒体：有学者把新媒体定义为“互动式数字化复合媒体”；清华大学熊澄宇教授认为：“今天的新媒体主要是指：在计算机处理技术基础上产生和影响的媒体形态，包括在线的网络媒体和离线的其他数字媒体形式。”新传媒产业联盟秘书长王斌将新媒体定义为：“新媒体是以数字信息技术为基础，以互动传播为特点、具有创新形态的媒体。”国务院发展研究中心局长岳颂东提出：“新媒体是采用当代最新科技手段，将信息传播给受众的载体，从而对受众产生预期效应的介质。”

还有的学者将新媒体的定义，上升到社会关系和公众参与层面：BlogBus副总裁兼首席运营官魏武挥认为新媒体指的是“受众可以广泛且深入参与（主要是通过数字化模式）的媒体形式”；中国传媒大学黄升民从社会关系层面来理解，认为“构成新媒体的基本要素是基于网络和数字技术所构筑的三个无限，即需求无限、传输无限和生产无限”。

不仅如此，还有研究者对新媒体进行了更广泛的界定，将视角扩展到新媒体的内容特征、情感满足和市场变化上，如上海东方宽频总经理张大钟的界定：“新媒体是一个宽泛的概念，是利用数字技术、网络技术，通过互联网、宽带局域网、无线通信网、卫星等渠道，以及电脑、手机、数字电视机等终端，向用户提供信息和娱乐服务的传播形态。”还有人认为：“新媒体除了传播介质与传统媒体不同之外，更重要的是它不仅承载内容，还承载了圈子、爱好、情感、需求、个性等，对媒体运营机构来说，媒体是一个大众载体，但对每个用户来说，媒体是个人信息与情感需求满足的载体，这就是新媒体。”还有的研究者指出：“新媒体

①陈晓宁主编.《广播电视新媒体政策法规研究》[M]. 北京：中国法制出版社，2001年，第16—35页。

可以与受众真正建立联系，它还具有交互性和跨时空的特点，同时，新媒体给媒体行业带来了许多新的理念和模式，如节目专业化越来越强，卖方市场转向买方市场等。”

最普遍的还是媒体相关从业者从传播方式和传播变革的角度来阐释新媒体。如有研究者提出：“新媒体近乎零费用信息发布，对受众多为免费，这对传统媒体的新闻产品制作成本造成挑战。”上海东方宽频另一位总经理郭炜华也认为：“新媒体与传统媒体最大的区别，在于传播状态的改变——由一点对多点变为多点对多点。”阳光文化集团首席执行官吴征认为：“相对于旧媒体，新媒体的第一个特点是它的消解力量——消解传统媒体(电视、广播、报纸、通信）之间的边界，消解国家与国家之间、社群之间、产业之间的边界，消解信息发送者与接收者之间的边界，等等。”

也有学者从内涵和外延两个方面对新媒体做出了界定，如上海交通大学的蒋宏和徐剑认为：“就内涵而言，新媒体是指20世纪后期在世界科学技术发生巨大进步的背景下，在社会信息传播领域出现的建立在数字技术基础上的能使传播信息大大扩展、传播速度大大加快、传播方式大大丰富，与传统媒体迥然相异的新型媒体。就外延而言，新媒体包括了光纤电缆通信网、有线电视网、图文电视、电子计算机通信网、大型电脑数据库通信系统、卫星直播电视系统、互联网、手机短信、多媒体信息的互动平台、多媒体技术广播网等。”①

从上述种种对新媒体的定义可以看出，随着新媒体应用的日益广泛及人们对新媒体认识的不断加深，新媒体的外延和内涵都在不断延伸——从单纯的技术与专业层面，上升到社会需求层面，不仅囊括了新

①蒋宏，徐剑.《新媒体导论》[M]. 上海：上海交通大学出版社，2006年4月第1版，第 14 页。

媒体技术，更深入到新媒体所承载的内容的情感价值。

链接： 目前，对新媒体概念的界定混沌的地方在于没有解释它“新”在哪里，也没有把它与“新媒介”的概念区分出来。其实，新媒体只是一种新的媒体形态，如广播对于报纸来说就是新媒体，而社交网站对于电视来说就是新媒体。另一方面，媒介与媒体是截然不同的两个概念，媒介更强调物理性中介的特点，而媒体更强调社会性中介的特点。媒介是媒体的存在基础，什么样的媒介技术就会产生什么样的媒体生态。

二、知己知彼：新媒体之“新”

新媒体作为一种新兴媒体，对社会的渗透性越来越强，已经成为一个高度社会化的媒介，而且，每一种新媒体应用背后都有着庞大的用户群体，已经成为社会生活的中心，呈现并重构着当代的文化乃至传播生态。新媒体作为一种之前从未出现过的新兴媒介，何为“新”，我们可以从以下几个角度进行解读。

（一）传播方式之“新”：实现了信息的双向传播

传统媒体，如报纸、广播、电视等，是单方面发出信息，这种“你传我受”的信息模式，无法获得有效的反馈。而新媒体突破了单向传播，实现网络信息资源共享，增强了传播者与接收者之间的互动。新媒体的交互式传播，既能实现传统媒体信息从发送者这个“点”向受众群这个“面”的单向传输的“点对面”的传播，也能实现针对特定用户的“点对点”或是“面对面”的传播。新媒体的交互性，使传播者与受众不再泾渭分明，人人都可以既是传播者又是受众。这种双重身份的角色使受众能够畅所欲言，及时反馈，实现信息质量的改进与提升。比如，通过微博、微信等平台，用户既可以与朋友随时保持联络，又能自由浏览自己感兴趣的信息，还能轻松发布信息或评论。

（二）传播场域之“新”：传播信息不受场所限制

移动互联网的迅猛发展为新媒体的传播提供了肥沃的土壤，人们只需要一台电脑或一部智能手机，就可以上传或接收海量的信息，突破了信息传播对空间场所的依附性。比如，抖音、快手上每天都有海量即时上传的信息。

（三）传播主体之“新”：每个人都是信息中心

传统媒体的传播内容是由专业的媒体团队采集和创作，具有很强的专业性和垄断性。但新媒体传播打破了传统媒体“你传我受”的线性传播格局，更强调受众的自主选择与反馈，每个人都能成为一个内容制作中心和信息传播中心，进行大众传播。在新媒体传播中，没有绝对的权威和中心，传播者和受众的关系呈现去中心化、平等化、和谐化的特征，只要内容被用户所关注或受欢迎，都有可能自建一个信息中心。

（四）传播速度之“新”：实现了即时传播

传统媒体内容发布要经过一定的流程，如要先派记者采访，然后再写报道，最后经过部门审核通过才能发出。而新媒体可以在第一时间发布信息来满足受众需要，可以随拍随传，在很短的时间里将信息送达到受众手中。比如，抖音、快手可以随时拍摄上传发生在身边的人和事，信息的传播者和受众可以在新媒体平台进行互动交流等。这些都是受技术限制和采编播方式约束的传统媒体很难做到的。新媒体的即时传播，使它成为迄今为止速度最快的传播媒介。

（五）内容组成之"新"：多元化且视角丰富

传统媒体进行选题和报道时，往往会选取从"媒体人"的角度来看有新闻价值的内容，"媒体人"的专业科班出身也凸显了自己的专业优势。但这种单一的、传统的以传播者为起点，经由媒介，以受传者为终点的单向直线型传播，显然无法完全满足当代信息大爆炸背景下受众对于多元化信息的需求。相比于传统媒体，新媒体可能在某些内容采访先机上不占优势，但互联网、移动端所特有的信息自我繁殖与扩散能力在相当程度上弥补了新媒体创作身份上的不足，凸显出极大的内容传播优势。而且，新媒体赋予大众生产内容的权利：一方面，较多的新媒体从业者会为事件提供更为多元的解读，丰富和弥补了传统单一媒体人采访和解读的不足；另一方面，由于更多的公众参与，他们的特长不一，能够拓宽知识、丰富视角，开阔了传统媒体的视野。因此，新媒体又被认为是人们表达自我、吸引粉丝的平台。

（六）信息推送之"新"：分众定制实现信息个性化

分众定制，即新媒体可以接受众兴趣或信息需求提供个性化服务。传统媒体的信息扩散方式一般是将统一制作的信息面对所有的人群发出，有特殊需求的受众需要从中筛选出自己需要的信息；而在新媒体平台，算法机制能够让受众接收的信息就是自己需要的信息，这是新媒体平台对人群受众进行细分，通过信息定制服务的方式实现的。

比如，今日头条就是以算法为核心，为用户画像，确定用户需求，再将各种来源的信息进行标签化处理，将标签与用户特征进行匹配，为每一位用户提供个性化定制。

（七）未来趋势之“新”：推动媒介融合

新媒体传播在不断丰富信息传播方式和表达方式的同时，也在加快推动媒介融合的进程。何谓媒介融合？喻国明教授的《传媒经济学》认为：“媒介融合是指报刊、广播电视、互联网所依赖的技术越来越趋同，以信息技术为中介，以卫星、电缆、计算机技术等为传输手段，各种信息在同一个平台上得到了整合，不同形式的媒介彼此之间的互换性与互联性得到了加强，媒介一体化的趋势日趋明显。”新媒体通常兼容了文字、图片、声音、动画、影像等多种传播形式，通过不同的组合方式来表述信息、保存信息、发送信息，总有一种方式可以满足用户需求，这些属性使新媒体可能成为媒介融合的一个有效平台。在这个过程中，新媒体还会继续产生更多的信息传播和叙事模式，不断推动媒介融合的发展。

综上，新媒体作为基于互联网技术和数字技术的发展而衍生的媒体形式，本身就是一个动态的概念，可以预见的是，随着移动互联网技术的革新和新媒体特质的进一步被挖掘，新媒体技术及其内容呈现形式也会更加丰富多元。

链接：新媒体只用了短短不到十年的时间就拥有了报纸、广播和电视用数十年、上百年才能拥有的受众群，其对传统媒体的颠覆就在于它不只是“媒体”，更是平台提供者。新媒体作为一个信息集成平台，给予了每个用户平等发布信息的权利，帮助用户建立社交关系，让信息更加自由地流通。它的出现，彻底打破了传统媒体的传播方式，人人都可以成为内容的生产者和传播者。未来，新媒体传播者与受众之间的界限会变得越来越模糊，传播者与受众甚至可以合二为一。深刻理解新媒体之“新”，将有助于我们有的放矢地进行新媒体内容创作。

第二节　新媒体平台：“术业有专攻”

基于前文我们对新媒体概念与特性的梳理，笔者将现存的新媒体平台进行了分类，具体分为广义和狭义两种。广义的新媒体包括一切符合新媒体“新”特征的媒体，如以微博、微信为代表的社交平台，以今日头条、腾讯新闻为代表的资讯平台，以淘宝、抖音、快手为代表的直播平台，以及以喜马拉雅、蜻蜓FM为代表的音频平台，和以腾讯视频、B站为代表的视频平台，以抖音、快手为代表的短视频平台。除此之外，还有一些常见的分发平台，如大鱼号、百家号、企鹅号等。

狭义的新媒体指的是微信生态下面包含的微信公众号、小程序、微信群、视频号等传播平台，以及被人们广为接受的短视频平台，如抖音和快手。

除此以外，笔者还发现，在内容创作领域有一个非常值得关注的现象，那就是年轻态喜剧生态的崛起，具体包括轻喜剧、段子和脱口秀。它们的呈现方式，有时是栏目化或者说舞台化的，有时是视频化或有声化的；它们的创作方式，与新媒体有很多相似之处，彼此可以相互借鉴，如在新媒体领域，诙谐幽默带有喜剧色彩的内容永远会赢得受众关注。基于此，笔者将“喜剧”“段子”与“脱口秀”基本创作方法的解析也纳入本书之中，并将其统称为值得关注的“舞台化的新媒体平台”。同时，为了扩大创作者的视野，我们将部分海外主流的新媒体平台也纳入其中，通过分析这些平台的特色、发展现状和基本创作技巧，帮助创作者打开创作思路，厘清基本创作逻辑，讲好中国故事。下面我们逐一进行解读。

一、社交平台：微信生态+微博+知乎+小红书

（一）微信生态的形成

大部分人都是从微信公众号开始认识“新媒体”的。2012年8月17日，微信公众号平台上线。当时，微信的创始人张小龙提出的口号是：“再小的个体，也可以有自己的品牌。”他将微信定义为一个开放的平台，致力于给用户提供有价值的服务，从而搭建一个动态的生态系统，消除中介、地理限制。用户可以在公众号上完成注册、登录、在线客服等操作流程，形成完整的商业服务，也可以通过广告投放或生产优质内容，来吸引和维护用户。

但是现在，微信公众号的流量红利已见顶。好在2021年微信视频号得以快速发展，逐步打通了微信内的众多生态，公众号、小程序、企业微信、搜一搜、微信支付与视频号连成一体，形成了流量闭环。

微信生态是基于整个腾讯体系的新媒体平台，是目前全国最大的私域流量池。截至2021年，微信“搜一搜”月活搜索用户超7亿，搜索入口遍布微信生态各个场景。在微信生态系统支撑下，企业拥有了完全自主的自建平台，实现了公域流量与私域流量的打通。

比如，母婴连锁品牌贝贝拉姆就成功构建了微信生态下的母婴社群体系，它将广大的微信用户群体，转化为自己的品牌关注者、用户和会员，同时让消费者利用自己的朋友圈帮助扩散信息。基于对微信生态的关注，它很早就开始引领门店去做社群，赋能门店将引流过来的客户留下来，最后聚集成自己的私域流量，还创建了全国导航群、加盟店店长群和员工群等微信群，构建了完善的社群生态体系，并结合“实体+社群+直播+电商”的方式，助力母婴门店从传统线下营销向“线上线下四位一体”转型，打造私域流量池，开启母婴零售新时代。

据百准《2022微信视频号生态发展报告》显示，2021年年末，视频号直播带货在销售金额上，相较年初整体的销售金额增长超过15倍，私域占比超过了50%，这意味着微信生态的打通带来了私域繁荣。

（二）微博的热搜属性

微博的鼻祖是美国的Twitter。Twitter诞生于2006年，作为当时最具影响力的新媒体，Twitter 的迅速走红带动了国内微博的发展。我国微博的发展大致经历了以下三个主要阶段。

第一阶段：中国出现微博(2007年)。2007 年 5 月，王兴推出了中国第一个微博产品——饭否 (fanfou.com)。

第二阶段：微博初步发展 (2007年—2009年7月)。在饭否推出的同年，微博网站叽歪开通，和饭否成为中国最早的微博产品。这一阶段，中国的微博刚刚起步，在服务和功能上仿效国外微博产品，用户相对较少，关注度也不高，微博的价值尚未得到充分体现。

第三阶段：微博快速崛起 (2009年8月一2011年)。互联网的快速发展和普及为微博在中国崛起打下了基础。2009 年，相继涌现出一批新的微博网站，其中2009 年 8 月开始公测的新浪微博发展最快，随后在中国微博领域居于领先地位。此后，微博一直保持快速发展的态势，特别是"两会"带来了微博问政的升温。这一阶段最为明显的特征是：微博成为人们信息获取、分享的平台，人们可以通过微博及时了解社会热点、发表实时评论，不但改变了人们的信息获取方式、社会交往方式和生活方式，并在众多公共事件中影响了公共舆论。如今，在自媒体蓬勃发展的时代，微博显然已经成为一种不可或缺的传播形式。

微博内容的话题性，吸引很多用户在平台上公开表达感受和观点，形成"开放式讨论"，因此，微博也成为品牌推广、品牌话题营销和事件营销的绝佳载体。企业将其视为对外公关的重要端口，通过官方微博来发表声明、披露信息，与用户保持互动。比如，“西少爷”肉夹馍就是以微博上疯传的创业故事《我为什么要辞职去卖肉夹馍》来开启微博营销的第一步，并且注重和消费者的互动，经常性发起讨论话题，引发网友对产品和品牌体验的大讨论，在一定程度上扩大了品牌的网络影响度。其中，比较有影响力的话题活动是“我和西少爷的第一个100天”，一发起就获得了60万的网络阅读数量，引起了巨大的网络传播效应。另外，西少爷官微还积极回复顾客对产品的点评，发布一系列有特色的宣传广告，让品牌和消费者更加亲近，迅速打响了西少爷肉夹馍的知名度，创下100天卖出20万个肉夹馍的佳绩，微博营销功不可没。

基于微博的“热搜”属性，它还成为社会大事件的集中探论地，如“2021上半年热搜超百次的社会大事件”：袁隆平先生逝世第三天，在微博上就有着超60亿的阅读量，引发了近1300万的讨论量；2021年5月31日国家开始开放三胎政策，第二天微博阅读量就高达36.1亿，讨论量56.2万；神舟十二号载人飞船再问苍穹，2021年微博上共有神舟十二号发射升空的相关讨论量670万以上，相关话题百余个，话题累计阅读量超70亿，等等；越来越多的区域热点也登上热搜，如沈阳疫情确诊病例流调里必有鸡架，促使沈阳鸡架冲上热搜第1位。另外，2021年，在微博所有垂直领域中电竞热点涨势突出，伴随着英雄联盟和王者荣耀领衔电竞赛事，电竞热点数量增长65%。

值得注意的是，微博作为一个拥有广泛用户、实时传播各类信息的微传播平台，在移动互联网的语境之下，其传播内容和传播方式存在泛娱乐化倾向，这是值得关注、警惕和反思的。比如，2020年6月10日，微博在蒋某舆论事件中干扰网上传播秩序，因传播违法违规信息等问题被约谈，这就充分说明需要管控微博过度娱乐化的发展，还原微博信息传播的本来面目。

（三）知乎的高端分享

知乎，是一个高质量问答社区，也是创作者聚集的原创内容平台，于2011年1月正式上线。在创立之初，知乎就抓住了人性中热爱分享的特点，为用户提供了一个高质量的分享舞台。用户可以将自己的知识、经验和见解分享给大家，也可以在平台上提问或寻求答案，还可以与他人一起探讨某一感兴趣的话题，找到志趣相投的朋友。

知乎平台内容针对性强、精准度高，再加上认真、专业和友善的社区氛围，受到了广大领域专家、各行业内行人的青睐。用户可以在这里打造属于自己品牌的IP，展示自己的专业性，解疑释惑或者交流推广经验；也可以通过付费的方式邀请专家为自己做推荐，通过其宣传推广来提升品牌价值和知名度。

作为一个以优质内容为核心的高质量内容平台，知乎自成立以来，从未停止在内容付费领域的探索。2016年4月，知乎推出主打付费问答的“值乎”，5月上线线上讲座“知乎 Live”，9月推出付费电子书内容“知乎书店”，这些都显示了最初几年知乎在付费领域的探索和决心。2017年9月知乎“私家课”栏目上线，定位为系统化、专业化的课程体系，2019年8月“私家课”升级为“盐选专栏”，包含图文、语音、视频系列课程，还有网文及短篇小说两部分。

目前，知乎已将上述多个内容付费栏目整合进会员服务，包含Live讲座、盐选专栏、读书会、杂志等多个内容模块。现在的知乎盐选内容早已包罗万象，如富研社创始人、《认知红利》的创作者谢春霖，他的知乎盐选付费节目《重新理解财富：完成12次认知升级》，现位列知识热度榜的第一名，售价99元；再如，资深心理咨询师叶壮自制的《我想谈恋爱！科学脱单指南》，在知乎盐选热度榜上位列第二，售价49元；除此以外，位列知乎口碑榜第一名的是好运元宵汤的现代言情小说《那些汇满蜜意的夜晚》。

值得关注的是，近几年，知乎商业化进程全面加速。2019年底，知乎开始向商家和品牌提供“内容商务解决方案”的营销体系，这将进一步扩充平台的广告价值。该方案是基于知乎内部“知+”系统的社区营销推广服务，包括：①协助商家或品牌方制作商业内容，如邀请创作者根据特定需求制定相关内容；②利用内容分发系统，以高精度向目标受众提供推荐的商业内容，如将推荐的商业内容设置为“下一个答案”等。

比如，知乎热榜在营销推广中，首先由官方账号提出相关问题，而后系统以“提问精选”的形式将其插入到知乎热榜内，创作者在回答相关问题时自然会包含对产品的介绍等内容。与传统的商业广告相比，类似的内容商务解决方案可以在不影响用户体验的情况下宣传品牌，同时提高营销的精准度和效率。2020年，知乎“内容商务解决方案”业务实现营业收入1.36亿元，伴随知乎广告业务的不断增长以及“内容商务解决方案”市场认可度的提高，该业务被认为是知乎在未来有较大盈利潜力的业务。

现在知乎优质的问答内容同样可以带货，而且比直播带货门槛更低，带货分成出自商品推广分成，且不收坑位费。

（四）小红书的强势登台

2013年6月，小红书在上海成立；同年12月，小红书推出海外购物分享社区。小红书的定位是基于UGC（用户原创内容）的全球好货分享以及跨境电商。用户对象主要是注重生活品质、对海淘有需求且有一定消费能力的人群。女性用户比例大，而且呈年轻化，消费能力强，中高等消费占比80%以上，她们多来自北上广一线城市，平台用户的黏性非常高且购买力强。从功能上来说，小红书将笔记系统作为其主推的核心功能，口碑营销是其独特之处，在小红书的内容逻辑里，没有任何营销方式比真实用户的口碑更能提高转化率。除了自营商品外，小红书也支持店铺运营、品牌账号吸粉、图文视频等多方面的推广。

在小红书，用户可以通过“线上分享”消费体验，产生需求后，创造“种草”内容。“种草”内容可以集成在品牌定制专区里，可以去做发现页的信息流，定制话题页，所有这些内容，都可以导流到购买流程里，从而引导用户进入旗舰店。

平台抓住美好生活的本质，将海淘攻略社区定位转变为生活分享社区，实现内容破圈，增强社交属性，激发更多元、更丰富的UGC，实现从人到内容再到人的正向循环。对于品牌方来讲，小红书的用户消费能力强，其内容也非常有利于百度搜索引擎优化(SEO)。在手机百度APP上搜索美妆等领域的关键词时，小红书的笔记很有可能位于搜索结果的前列；同样，淘宝频道抓取的内容也是根据在小红书搜索到的关键词和相关关键词进行匹配的。

比如，美妆品牌完美日记将小红书作为自己的第一引流阵地，深度耕耘小红书，进行内容营销。在2017年，完美日记选择小红书作为自己品牌的重点投放平台，外界并不看好这一选择，因为，和淘宝、微博等拥有超级流量的“一级平台”比起来，小红书只是“二级平台”，曝光率远不如“一级平台”。但是，完美日记依然坚持自己的选择，因为它发现小红书平台上的用户使用产品后，会在平台上发布品牌的试用和“种草”内容，引发全平台的热度和讨论。这种内容形式的推广既能让品牌与消费者建立更为紧密的联系，又能迅速听到消费者的反馈。于是，完美日记将小红书作为重点的运营渠道，采用金字塔的投放策略，即“头部明星（关键意见领袖）+中部关键意见领袖及关键意见消费者+底部素人”的分层投放体系：产品上线前，让明星及头部关键意见领袖进行产品分享，引起消费者关注；产品上线期间，让中腰部关键意见领袖及关键意见消费者种草，引导消费者购买；产品上线后，投放关键意见消费者及素人的反馈帖，生成UGC（用户生产）内容，进行二次传播。通过布局小红书等“种草”平台，早在2018年，完美日记就已经开始在小红书走红，迅速树立了自己的品牌形象。

如今，小红书在举办的2022商业生态大会上发布了全新的商业化愿景：助力每一个好产品生长，用数据洞察用户对生活的向往，理解用户的真实需求，挖掘产品市场策略；用营销驱动好产品生长，让好产品被用户选择，被用户喜爱。

二、资讯平台：今日头条——算法智能推送平台

今日头条是北京字节跳动科技有限公司开发的一款基于数据挖掘的推荐引擎产品，为用户推荐信息、提供连接人与信息的服务产品。创始人张一鸣于2012年3月创建，2012年8月发布第一个版本。

东兴证券的《今日头条与抖音的爆款产品力与差异化运营——互联网商业模式创新系列研究报告》分析了今日头条基于人工智能推荐算法带来的内容分发的创新：今日头条是基于推荐算法的智能资讯分发平台，产品主打资讯推荐的特色功能，即“通过利用用户浏览习惯、浏览记录及用户授权使用的地理位置等信息智能挖掘用户的偏好”，逐步发展为“具备推荐引擎、搜索引擎、关注订阅和内容运营等”多种分发方式，精准分发资讯；今日头条平台还可自动统计新闻相关的名人评论及海量用户评论，另外考察“顶”与“踩”的人数后自动生成热门内容并推荐给

用户；今日头条也关注新生创作者的培养，从推荐引擎转型为内容运营平台。

今日头条的成功主要源自产品与市场推广两个方面：产品方面，基于人工智能推荐算法的内容分发方式，用户能够持续性地获得自己感兴趣的内容，从而增加使用时间；市场推广方面，在初期采取了激进的厂商预装策略和APP换量导流策略促进产品初期推广。

基于庞大的用户规模，今日头条进行了产品孵化：孵化了包括西瓜视频、悟空问答及放心借在内的多个独立APP产品，使其在视频、问答、金融等多个领域更专业性，今日头条本身也更具综合性。目前，今日头条已涵盖科技、体育等超过100个内容领域，促进字节跳动多元化发展。此外，平台导航栏可以链接到多个字节跳动旗下其他产品，能有效地为其引流，提高头条系市场渗透率。

今日头条发展海外业务的思路是依托国内业务营销经验及扎实的技术支持，结合考量海外消费习惯，发展出能够本土化的产品，如今日头条在2015年8月正式上线的海外版TopBuzz，整体打法效仿国内版本，同时也注重与当地用户的兼容性。

今日头条内容端的创新突破：今日头条一开始就是资讯分发平台，并没有自己的原创内容，为了有效实现内容变现并提高商业化程度，今日头条逐渐关注内容创作，采取了一系列措施：2013年推出“头条号”平台；开通了“头条号”的创作者在平台发布的各类体裁的内容都会由平台机器引擎进行智能分发，完成定点投放、精准推送；鼓励用户成为新生创作者，如为用户提供专业的创作指导和运营培训的免费系列课程——《头条公开课》，邀请相应业务负责人，以及资深讲师传授平台运营方法论，还推出内容创作者激励计划，新生创作者可获得官方认可，给予分成收入及平台签约机会，不过从头条公开课活动规则及激励计划来看，今日头条更注重对视频创作者的培养，优秀视频创作者具有签约机会并可获得更高的现金奖励，而其他体裁的创作者不具有签约机会。

今日头条联合新榜发布的《2020年内容创作发展趋势报告》中也体现出这一点：图文类内容占比超八成，是创作者最普遍使用的内容体裁，短视频内容大幅上升；“智能算法推荐+关注分发”，优质内容加权推荐；利好新创作者和垂类创作者。比如，美食作家王刚核心运营今日头条账号，充分利用平台功能，发布视频、文章、问答等内容，侧重互动及变现，粉丝达到448万。

今日头条为字节跳动旗下其他产品及产品合作方引流，进行高效流量分发：今日头条拥有庞大用户群体及高月活跃用户数，已合作收录人民网、36氪等数百家站点；此外还依靠关注功能，吸引名人明星等关键意见领袖加入头条号，从而占取部分新浪微博等平台的流量，但目前今日头条用户画像与新浪微博用户画像出入较大，从该流量渠道获取的流量增量并不多。

综上，字节跳动公司作为最早将人工智能应用于移动互联网场景的科技企业之一，它的第一款明星产品今日头条占据了移动互联网的天时地利，是公司抓住移动互联网时代机遇的杰作。

三、直播平台：淘宝直播——一站式购物服务平台

2015年底，淘宝的直播业务开始上线，它属于“消费类直播”，用户可边看边买。淘宝直播提供“一站式”的服务：用户在淘宝看直播，若是对商品感兴趣就点击商品链接，然后在淘宝商品页面下单。目前，淘宝直播的形式主要分为两类：一是店铺直播，以店铺的名义、权限来开直播；二是达人直播，是以个人直播的形式来开直播，一般这些达人都会拥有一定的粉丝基础，有一定的带货能力。淘宝直播的特点是比较直

观，拥有即时互动性，代入感强，品牌可以获得更多的曝光机会，如品牌可以进行产品宣传或者新品发布会直播等；通过名人代言吸引平台用户，也可通过专家介绍为用户提供更精准细致的服务，以增强用户黏性及提高品牌忠诚度；即时的客服沟通也更利于提高用户活跃度，帮助用户解答各种问题和疑惑；活动直播可以借势节日或热点，发起线下活动和线上直播，让用户和品牌充分互动。

《淘宝直播2021年度报告》显示，2020年，突如其来的疫情推动直播电商行业进入井喷期和竞赛期。参赛平台主要分为三种类型：第一种是电商平台，如淘宝、京东；第二种是内容平台，如抖音、快手；第三种是社交平台，如微信。虽然市场进入了白炽化阶段，但淘宝直播在激烈的行业竞争中，仍然保持领跑位置，年成交增速超过100%。2020年3月31日，中国消费者协会发布的《直播电商购物消费者满意度在线调查报告》显示：使用淘宝直播的消费者占比最高，达68.5%；其次为抖音直播和快手直播，占比分别是57.8%和41.0%。

伴随直播电商进入下半场，货品和从业人员的专业度成为比拼关键：直播生态有序、健康地发展，离不开各种新兴角色的紧密配合，如服务主播的MCN机构、为商家提供直播服务的代播机构、提供场地和货品的直播基地、制定行业规范的监管部门等。除带货主播外，淘宝直播衍生出多种新职业，这些新兴角色与货有关的有直播选品师、直播测评师等，和场景有关的有场控、助播等。商家对直播业务的日益重视，培育出了一批熟悉平台规则和直播间玩法的代播服务商，帮助商家完成台前直播的幕后任务，为商户提供直播带货、直播运营一条龙服务。

总的来说，淘宝直播的飞速发展得益于数量不断攀升的核心用户，淘宝直播主要用户群体是一群“80、90后”女性，以一、二线城市和五、六线城市为主，这些核心用户贡献了淘宝直播超过80%的观看时长、超过60%的成交额，是平台最稳定、最核心的消费者。淘宝直播的内容化场景便于产品展示，能够快速吸引垂直客群的目光，也带动了许多新潮产品的成交增速。比如，女装类目下的汉服，同比2019年，2020年汉服的成交金额增速高达753%。

另外，2020年11月30日，淘宝官方发布了手机淘宝最新版本，加强了商品信息流和内容化。这次改版最为明显的变化就是，“猜你喜欢”首次进入手机淘宝首页的第一屏，主动向用户“种草”。第二个大变化就是将买家秀社区升级为“逛逛”。第三个大变化就是平台将“微淘”升级为“订阅”，商家可以展示商品，爆款，上架信息，优惠促销，现场直播等内容，只要订阅了店铺的消费者，就能看到有关店铺所展示的内容。上述三大改版，对淘宝直播来说意义重大。未来，店铺和直播间可能会合二为一，升级后的“逛逛”和“订阅”将和直播形成内容的互通，而直播粉丝群将成为直播间以外的下一个重要私域场。接下来，如何更好地在直播场域中进行私域运营，帮助商家实现对应的消费者运营将会成为探索的重点。

四、音频平台：喜马拉雅等——音频共享生态化平台

2012年8月，喜马拉雅正式成立，提供收听和播音功能，是内容聚合及社交媒体型平台。从2012年创立至今，历经9轮融资，喜马拉雅在在线音频领域的成长有目共睹，其月度活跃用户数已从2019年的1.4亿增长到了2021年的2.67亿。在2021年上半年中国在线音频平台付费用户满意度的调查中，喜马拉雅当仁不让地名列第一，满意度达85%。

不过，增长背后却是更猛烈的烧钱势头。据喜马拉雅招股书显示，2018至2021年间，喜马拉雅已累计亏损130.55亿元。盈利难，是当下在线音频行业普遍面临的痛点。这也让屡战屡败的喜马拉雅，不得不再度

发力冲刺IPO（公开募股）。2022年3月29日，“国内最大音频平台”喜马拉雅第三次递交IPO招股书，估值超过了200亿元。

喜马拉雅是中国最大的音频共享生态化平台，上游聚集了大量的音频内容生产者，包括媒体、出版社、教育培训机构、名人、明星、老师，以及行业专家，建立并整合版权内容资源；中游主要是喜马拉雅APP；下游通过布局智能家居、智能音箱和车联网，拓展丰富、便利的终端应用场景。天风证券2021年底发布的《喜马拉雅：深耕“耳朵经济”，场景生态打开用户空间》报告显示，喜马拉雅的核心竞争力是“全年龄段+全品类”覆盖的内容：从内容形式看，喜马拉雅内容形式多样，包括有声书、泛娱乐（相声）、播客、在线课程和音频直播；从品类看，喜马拉雅内容品类多元，满足不同需求。截至2021年6月30日，喜马拉雅拥有超过2.9亿条音频，内容涵盖个人成长、人文历史、亲子情感、商业财经、娱乐等98个品类。

喜马拉雅内容生态呈现的特点是：从各种形式的头部作品播放量看，喜马拉雅已建立相当优势，形成壁垒。综合而言，喜马拉雅在有声书方面优势明显：在改编自纸质书的有声书方面，充分发挥与出版社合作带来的版权优势，创作了一批高质量的PGC（专业生产内容）、PUGC（专业用户生产内容）的有声书作品，包括《三体》《明朝那些事儿》在内的知名作品都是喜马拉雅率先改编为有声书产品的；在改编自网络文学的有声书方面，凭借与阅文集团的合作关系，喜马拉雅在网络文学版权获得上有明显优势；在播客方面，喜马拉雅较“小宇宙”“得到”这些平台用户覆盖更全，用户黏性也较高。

喜马拉雅的商业模式是以会员订阅、付费点播收听和广告为主，还包括直播以及其他创新产品和服务。2019年至2021年，喜马拉雅的订阅收入从12亿元增长到近30亿元的规模，收入占比也从47.2%增长至

51.1%。订阅付费的增长，又进一步促使用户黏性提高，并最终反映在日活跃、月活跃用户数据上，实现了整个喜马拉雅平台生态的正向循环。

可以预见喜马拉雅未来获得可持续增长的核心驱动因素主要包括以下三点：

第一，扩大用户基础是核心（MAU）。IoT（物联网）发展助力长音频行业迎来拐点，喜马拉雅计划针对特定人群，向亲子市场（年龄）和下沉市场（蓝领、流水线工人）渗透，学习美国音频龙头 Spotify，针对家庭提出“一家人一辈子”战略，将家庭订阅产品化，提升用户数的同时增加产品黏性。

第二，用户付费意愿存在提升空间。对标美国音频龙头 Spotify 45.2% 的用户付费率，中国长音频行业有较大提升空间；同样，随着国内“知识付费”接受度的提升，“自我提升”成为广泛存在于各类人群中的需求；同时，喜马拉雅积极进行平台内容优化，创造付费率增长空间：对标爱奇艺，通过内容优化吸引用户付费，如推出“白夜剧场”，以音频形式演绎东野圭吾、紫金陈、阿加莎等高人气悬疑小说作家的作品，邀请知名演员配音，通过高质量内容吸引用户付费等。

第三，单用户收入（ARPU）持续增长。首先，喜马拉雅推出“一家人一辈子”战略以提高留存和黏性；其次，着力打磨产品和内容：针对垂类或特定人群的高价值服务，提升针对特定人群和重度用户的高单价点播节目，如王东岳的《中国哲学启蒙课》等。未来，喜马拉雅会将少儿素质教育（“牛津阅读树”）、喜马拉雅大学直播、企业级培训作为3个侧重方向。上述就是喜马拉雅的成长逻辑——用户数和付费率齐升，场景生态打开变现空间。

五、视频平台：B站等——视频多元化平台

哔哩哔哩，英文名称：bilibili，现为中国年轻一代高度聚集的文化社区和视频平台，于2009年6月26日创建，被粉丝们亲切地称为“B站”。

B站早期是一个ACG（动画、漫画、游戏）内容创作与分享的视频网站。经过十余年的发展，围绕用户、创作者和内容，构建了一个源源不断产生优质内容的生态系统。现在，B站一共有四大业务版图，即游戏、直播与增值服务、电商、广告，它们之间不是独立分割的，而是相互交叉的。凡是具有内容属性的品牌，都值得做B站账号，如美妆时尚、3C产品、专业服务、娱乐游戏、汽车零售等。其运作方式是：花絮混剪，如通过拍摄团建、员工采访视频展示品牌文化；设置别样广告，如之前肯德基爷爷在B站就是靠着一则“鬼畜”广告视频《炸鸡之歌》，成功地打入了“二次元”圈层，和年轻人一起狂欢。总之，在B站做营销和做内容，一定要理解B站的文化、UP主的风格和养成系的逻辑。

据《2021B站创作者生态报告》显示，2020年，知识区创作者规模增长92%，泛知识内容占B站视频总播放量的45%。UP主是B站最忠诚的用户，也是内容生产的主力军，他们为B站提供了90%的专业用户制作的视频，内容生态呈多元化的特点。比如，2020年百大UP主智能路障的名著解读，吸引了《活着》的作者余华，在B站，两人对谈的直播视频观看人数有近100万；此外，还有800余家认证高校号与近万个学院入驻B站，300多位名师学者在B站传授知识，如大家耳熟能详的法学教授罗翔等。2020年，有1.83亿人在B站学习。诗词歌赋方面，B站国风爱好者在作品中深度再现传统文化之美，用匠心演绎文化传承，如UP主“古琴诊所”擅长演奏传统民乐、对古代装束进行复原，让古典画卷动起来等；美食方面，2020年，美食区的视频播放量超240亿，UP主用美食诠释对

生活的热爱；汽车内容创作者也在B站找到新突破，普及购车知识、传递汽车文化；科技UP主“老师好我叫何同学”频频制造爆款内容，带领大家感受科技的力量；2020年，B站情感创作者规模增长了105%，知名的UP主有“北京青年x凉子访谈录”等，在B站写人间观察录，分享新一代年轻人的情感态度。除了上述内容，年轻人还习惯“上B站看资讯”，关注时事热点，如在建党百年之际，UP主们结合B站元素，打造了一批青年视角的特色主题内容等。

如今，B站平台着力为内容赋能，推动商业生态升级，促进创作向消费循环，通过持续在内容生产、传播曝光、商业变现等多个环节为UP主提供服务，全力构建可持续、具备成长性的创作者生态，为创作者在提升内容类型多样性、题材丰富度、创作活跃度上探索更多的可能。

六、短视频平台：抖音+快手

（一）抖音——音乐+话题的短视频平台

抖音是由字节跳动孵化的一款音乐创意短视频社交软件，于2016年9月20日上线，是一个面向全年龄的短视频社区平台。用户可以通过抖音软件选择歌曲，拍摄音乐短视频，形成自己的作品。平台特点是内容短小精悍，受众多，易传播。

其运作方式是通过在大号的视频前后加上贴片广告，或者直接推出对内容精心设计过的短视频作为广告，也可以站在用户的角度，通过制作短片来答疑解惑，基于短视频平台开展视频创作大赛等。

相较于快手，抖音更倾向于娱乐，它实质上是一个专注年轻人的音乐短视频社区，致力于引导年轻用户以音乐短视频的方式进行自我表达。用户以居住在一二线城市的年轻用户为主，用户分布的前十大省份主要集中在东南沿海，以及华南地区，广东、江苏、河南、山东省占比最高，所以有“南抖音”之称。

在内容制作上，抖音以音乐和话题为依托，将目标用户设定为潮流酷炫的年轻群体，专业要求偏高，多以专业团队MCN机构为主流。目前，日活跃用户超过6亿的抖音早已是短视频赛道的强者。

抖音短视频作为新兴的媒介形式，为健康传播也提供了新的思考点。例如：“丁香医生”于2018年4月12日在抖音发布首条短视频，粉丝数量以每个月100万的速度增长，在不到两年的时间内打造了多个爆款,成为健康传播领域最具代表性的头部用户。“丁香医生”抖音号发布的视频有单条短视频和专题集短视频两种类型，专题集短视频共推出5个系列，每个专题集视频分别由2～6条不等的分集视频构成，为重要的健康话题提供系统性的权威解读，弥补了单条短视频由于时长限制无法实现完整内容科普的弊端，在短视频领域做到了专业深度传播和碎片化传播的优势互补。丁香医生抖音号内容的显著特征是活泼幽默，每期视频中“田太医”幽默风趣的语言风格，契合抖音平台的传播机制和用户的观看习惯，在一定程度上吸引并留存了用户。内容选题主要与年轻用户群体高度关联，有对现实生活中常出现的健康生活常识进行普及并针对健康谣言进行辟谣、科普的选题内容，如“吃烧烤健康吗”等；又有科普某一健康问题的选题，如“为什么女生容易手脚冰冷？”还有一类提供解决办法的选题，如“疫情期间从外面回家后怎么进行消毒”等。剧情化的叙述风格是丁香医生抖音号的核心竞争力之一，相较于抖音平台上的健康传播短视频来说是独一无二的创作形式。比如，在《太医驾到啦！健康知识竟然可以这样科普？》中多位表演者共同出镜，“田太医”依旧作为主线负责科普健康知识，其他表演者出镜演绎一段情景剧，将严肃的医学知识“趣味化”，塑造了愉悦轻松的学习气氛。

另外，抖音也支持商品售卖、直播功能，抖音的“短视频+直播+电商”模式已成为近年来备受电商青睐的蓝海营销模式。一些大V纷纷开始抖音直播带货。据36氪透露，抖音电商2021年商品交易总额最高约60亿元。比如，抖音大V罗永浩在2020年4月1日晚八点在抖音开始了其直播卖货首秀，3个多小时的直播中，罗永浩“带货”的销售额超过人民币1.1亿元。

如今，抖音似乎找到了新的风口，2021年12月16日，抖音独立电商APP“抖音盒子”在应用市场上线，内容多以穿搭、美妆、潮品为主，视频博主大多是抖音的入驻用户。但是，目前无法通过短视频直接导流到商品详情页购买商品，也没有商家的店铺入口。也就是说，在首页上的推荐页面，用户只能看不能买，更像是一个“种草之地”。2021年12月22日，粉丝超过60万的抖音盒子官方直播间开启了首秀，与此同时，不少入驻抖音盒子的品牌也开启了直播，如海澜之家、资生堂、FILA等。据《IT时报》记者透露，直播间的在线人数并不算太多，海澜之家的在线观看人数只有100多位，戴森的在线观看人数不到100位，波司登的观看人数稍多，接近200位，因为在线观看人数不是太多，大多数商品均有库存。据业内人士透露，字节跳动希望抖音盒子上的带货能脱离淘宝体系，自成一派，成为一个新锐的电商平台。①

（二）快手——北方老铁的社交平台

快手是北京快手科技有限公司旗下的产品。快手的前身，叫“GIF快手”，诞生于2011年3月，最初是一款用来制作、分享GIF图片的手机应用。

2012年11月，快手从纯粹的工具应用转型为短视频社区，成为用户

①潘少颖.抖音的下一个盒子，里面装的啥？[N].IT时报，2021-12-24.

记录和分享生产、生活的平台。相对抖音而言，快手更倾向于社交，快手的种子用户普遍由符合“老铁文化”的北方地区下沉市场用户构成。数据显示，快手三线及以下城市用户占比为61%，北方老铁仍然是快手用户的主力军，河北、山东、广东为快手用户地域分布人数最多的前三大省份，所以有“北快手”之称。快手打造的是“熟人”社交圈，圈层内的价值观认同感极高，甚至从社交圈延伸至真实生活。因此，在快手上很容易出现“家族圈子”。相比抖音，快手大V和用户的关系会更加亲近，这可能也是在快手做直播带货能力更强的原因之一。

在快手下沉内容的新跑道里，2018年第四季度位居榜单第一位的“本亮大叔”就是这类下沉内容创作者的代表。“本亮大叔”三个月增粉数量达到511万，平均每月增粉超过170万，总粉丝数突破1100万，现在已经进入到快手头部网红序列。他的吸粉能力主要在于他的特殊性——一位地地道道的农民，但能够背着一把吉他在村头的庄稼地里放声歌唱，玉米地、拖拉机、丝瓜棚就是他的舞台，以乡间地头真实、朴素的生活状态感染了他的粉丝们。

2021年2月5日，“短视频第一股”快手登陆香港交易所，发行价115港元/股，股票代码1024.HK，在香港上市首日高开193.91%，报338港元，市值超过1.39万亿港元。中国又一家互联网企业，冲入万亿级别行列。

七、常见的自媒体分发平台：大鱼号+百家号+企鹅号

（一）大鱼号

大鱼号是阿里大文娱旗下的内容创作平台，为内容创作者提供“一点接入，多点分发，多重收益”的整合服务。内容创作者只需接入大鱼

号，便可畅享阿里文娱生态包括UC、土豆、优酷等在内的多点分发渠道，同时阿里大文娱对内容创作者的创作收益、原创保护和内容服务等方面也提供了支持，鼓励优质原创作者加入。

（二）百家号

百家号是百度旗下的自媒体平台，对于创作者而言，是集创作、发布、变现于一体的内容创作平台，也是众多企业实现营销转化的运营新阵地。百家号为内容创作者提供内容发布、内容变现和粉丝管理服务；内容创作者在百家号发布一篇有价值的文章，会通过百度信息流、百度搜索等分发渠道影响亿万用户。

（三）企鹅号

企鹅号（现已更名为腾讯内容开放平台），是腾讯旗下的一站式内容创作运营平台，也是腾讯“大内容”生态的重要入口。作为腾讯系开放平台，企鹅号的流量端口囊括微信看一看、QQ看点、QQ空间、QQ浏览器、腾讯新闻、腾讯视频、天天快报应用宝、NOW直播、全民K歌等腾讯十大内容平台，堪称“流量巨无霸”。

在上述账号上，企业可以通过大V的推荐来展示自己的品牌，也可以在这些平台上开通自己的企业号，不断地分享与品牌有关的知识。这些自媒体平台会对这些优质内容进行推荐展示，快速提高流量，培养忠实粉丝用户。大鱼号、百家号的市场定位是一个分发平台，多数创作者会在上面分发内容，但是不会选择它们为第一创作基地。从分发渠道来看，头条号和企鹅号占极大优势，不过，企鹅号对推广内容还有一定的限制，不利于传播推广商品品牌。

八、喜剧生态

“年轻态喜剧”的概念由笑果文化提出，因其内容有新意，语言诙谐，不套路，段子出现频率高，让人在解压放松的同时还能产生共鸣，深受无数网友喜爱。在观众眼中，年轻态喜剧不仅限于综艺，《夏洛特烦恼》《羞羞的铁拳》等近年大火的电影也包括在内。

如何理解“年轻态喜剧”中的“年轻”？“年轻”并不是按照年龄大小划分，“年轻”意味着年轻的表达方式和生活状态。另外，年轻态喜剧在内容形态上，形式多样且没有地域限制；在传播链路上，线上内容与线下活动互补联动，即利用互联网社交力，使喜剧爆款在线上得以迅速传播开来，从而覆盖更广的面，利用线下演出提高观众的参与感，让观众对年轻态喜剧有更深入的理解。

笑果文化是目前为止第一个且唯一一个同时拥有《吐槽大会》《脱口秀大会》和《周六夜现场》3档“10亿”网综节目的内容公司，通过在年轻态喜剧这条赛道上持续深耕和迭代，从之前单一的网综产品到2019年推出的喜剧脱口秀专场《笑场》、音乐脱口秀《声在宏途》、青春励志剧《欢迎下榻好莱坞》、情景喜剧《约会规则》、短视频综艺《你今天崩溃了吗》等，逐步建立了全内容品类的喜剧版图。年轻态喜剧的集中代表是《吐槽大会》《脱口秀大会》，这两档节目奠定了笑果文化作为年轻态喜剧领头羊的行业地位。笑果文化也通过这两档节目，培养出了王建国、李雪琴、庞博、呼兰等一众年轻态喜剧新星。同时，笑果文化着力构建线下消费场景，既有聚焦于年轻态喜剧内容的包括脱口秀专场、脱口秀拼盘演出、栋笃笑、Sketch、即兴喜剧等，为观众带来不同的沉浸式体验，也有集美食、青年创业、年轻态喜剧、时尚健身、超酷音乐为一体的社群共享新场地，建立城市喜剧文化新地标。

总而言之，上述这些新媒体平台各有优势，不仅给大众提供了优质内容阅读的载体，丰富了人们的精神生活和娱乐活动，同时也成为很多品牌进行宣传和营销的战地，使企业在移动互联网时代可以更好地生存和发展，生动地诠释了“世界因新媒体而更加绚丽多彩，生活因新媒体而更加丰富多样”。

九、新媒体对外传播平台：Facebook+Twitter+Youtube

在全球化的今天，新媒体还担负着对外传播、讲好中国故事的使命。基于此，新媒体对外传播应选择受众面最广的平台，一般来说，Facebook和Twitter是全球最主要的两个社交媒体平台，应作为我国对外传播的重要战场。除此之外，以视频传播为主的Youtube，以图片传播为主的Instagram也是不容忽视的平台，还有俄罗斯VK及日本的Line也都是有影响力的地区性社交媒体平台，在这些平台上开设账号，对外传播，能实现高覆盖、精准到达的目标。

在这些社交平台中，Twitter的本质是传播，推文篇幅短小，需控制在140个英文字符之内，一般使用英文的现在时或者现在完成时，制作新闻时需满足“五个W”：When（何时）、Where（何地）、Who（何人）、What（何事）与Why（何故），文尾不加句号，可以配图来增加信息量，对时效性要求强，需要快速更新，以免影响阅读量和传播力。

Facebook的本质是社交，它的稿件长度限制没Twitter那么严格，一般采取图片加文字或者视频加文字的形式，正文最好控制在三段之内，这样比较方便读者阅读；在文末添加适当的话题标签，以引起更多的用户讨论——这是Facebook社交分享的精髓。特别需要注意的是，在对外传播中，应注意添加准确的描述性标题及相关说明，制作引人注目的缩略图，添加的视频标签能准确反映视频内容，以确保用户搜索到发布的内容。

Youtube以视频传播为主，视频包括有解说的视频稿件（要求吐字清晰、节奏明快）和无解说的现场画面视频稿件（以现场直播和突发事件为主）。Youtube视频需要配有简单的文字脚本，一般不超过100个英文单词[①]，要求简洁、准确、客观，避免使用过激言语，可适度使用网络热门语言。Youtube视频的标题首字母大写，尽量少用缩写，使用一般现在时；一般来说视频时长控制在45秒～3分钟内比较受欢迎；需要注意的是，视频中所含的画面、音乐和标识等要确保没有侵权隐患。

综上，我国的新媒体在对外传播时，要根据上述不同社交媒体属性和特点来优化内容分发（其余的传播平台，如Instagram、VK及Line不做介绍），及时、灵活地与海外网民展开积极互动，才能更好地传播中国声音。

链接：“海阔凭鱼跃，天高任鸟飞”。层出不穷的新媒体平台为广大的内容创作者提供了宽阔的舞台，只要你能呈上精彩的表演，就能在服务大众的同时，获得优厚的回报。但是，前提是平台的内容创作者在创作前，需要全面分析所在新媒体平台的定位、运行规律、发展方向、传播特色等，结合用户的需求来进行创作，才能创作出精准抵达受众的具有传播力的优质作品。

第三节　新媒体的内容生产：用产品思维生产高传播率的内容

从传统媒体到新媒体，一直是内容为王。但是，传统媒体所说的“内容为王”，更多是指向狭义的内容本身。比如，信息来源是否是独家，事件是否重大，叙事是否有文采，标题是否足够吸引人，等等。

而新媒体时代，媒介种类日趋多元，传播平台日趋分散，内容产品

①王亚宏，张春燕.新媒体对外传播内容制作[M].上海：复旦大学出版社，2020.

的形态及渠道呈现出多样化及个性化的特征。

所以，不能用传统媒体“大一统”的标准来衡量新媒体的“内容”，应从广义的角度来认知。如今，“内容为王”中的“内容”不再仅仅是文字和版式等狭义内容，而是“狭义内容+产品形体+渠道占有”的结合体。

一、“内容”=“狭义内容+产品形态+渠道占有”

除内容本身之外，为什么产品形态和渠道占有对于新媒体来说如此重要呢？因为，网络新技术的诞生，孵化孕育了新的传播手段，如果没有以用户为中心的产品形态来呈现，没有拥有任何一个在互联网媒体平台广泛覆盖的传播出口，那么再好的内容也无法传播出去，“内容为王”也就成了一句空话。

另一方面，当代互联网网民与传统媒体时代的用户相比，其内容消费观念发生了翻天覆地的改变。在当下的互联网传播生态中，今天的新媒体用户早已摆脱了传统时代的内容消费习惯，长篇大论、权威专业的新闻报道不再是“握在手心中的宝”，相比之下，一个无厘头的段子，一张新奇的照片，一个宣传口号或许更吸引他们的眼球，这种碎片化的浅显内容消费越来越受欢迎。

基于此，新媒体从业者需要认真思考一个问题：新媒体应该如何做内容才能得到更好地传播？

联系上文提到的新媒体的数字化、交互性、个性化、超时空性等特点，新媒体传递的内容应该具备两个特征。

第一个特征是“经过选择的内容”，这就意味着新媒体从业者需要从海量的内容中筛选出更好的东西，或者整合出特定的内容，提供给用户，让用户省时、省心、省力地获得想看的内容。

比如，36氪作为大众科技新媒体，它为自己的用户——中国科技、创业投资机构和专业人士提供的内容就是具备全球视野的全景式科技、创投最前沿的资讯；知乎作为一个中文互联网高质量的问答社区和创作者聚集的原创内容平台，提供给用户的是“让人们更好地分享知识、经验和见解，找到自己的解答”。从这些例子我们可以看出，打动用户的新媒体内容必然是独特的内容，至少是独特的概念或“内容集”，因为只有内容是绝对独有的，用户才会做出唯一选择。

第二个特征是将内容便捷地传递给读者，如做一些数字媒体的推广和订阅，进行自我推广。

由此可见，在新媒体时代，“内容为王”的实现仅仅依靠内容生产方面的优势是不够的，还应在现实的产品和服务上多动脑筋，才能让“内容”拥有王者地位。

链接：在新媒体的环境下，新媒体从业人员不应该简单地根据发行量、收视率和点击率等“硬性数据”来判断什么是受众最喜爱的内容，应将受众对内容的转发和评论次数联系起来进行思考。同时，还应该掌握受众对媒体和内容的态度、看法及心理活动等“软性数据”，从受众的角度去衡量媒体的影响力和公信力。新媒体从业人员应该以发展的眼光来看待“内容为王”，从内容定位、产品形态和平台选择上综合考虑，为内容提供支撑。

二、新媒体内容创作的四种思维

新媒体时代，“人人都成了自媒体”，既然每个人都可以生产内容，受众选择的范围就会越来越大。此时，一个新媒体内容生产者应该问自己：为什么别人会选择看我写的内容？我写的内容有何与众不同之处？我写的内容能够为别人创造什么价值？

因此，新媒体内容生产者需要站在用户的角度，来思考他们喜欢看什么。这里就有一个“潜台词”：做出的内容能不能变成一个用户喜欢的产品？这才是最关键的。基于此，新媒体内容生产者需要从产品思维的视角来做内容。

（一）产品思维

何谓产品思维？产品思维是一个流行于互联网行业的商业语汇，是基于明确目标用户，满足用户需求，具有强烈设计感、操控感和服务意识的商业概念。移植于媒体业，是一种强调以受众为中心、以到达为目的的“你表达”。①

我们可以看到爆款新媒体作品几乎篇篇都具备产品思维。比如，央视频在新冠肺炎疫情始发阶段争分夺秒地陆续推出了《与疫情赛跑！见证火神山、雷神山医院崛起》系列慢直播。这种陪伴式社交产品，丰富了直播语言，突出了实时性、现场感，营造“想象的共同体”，为受众提供了更丰富的感官体验，优化了传播效果，催生出2020年度现象级热词“云监工”。在新浪微博上，“网络包工头”“无聊又睡不着看直播造医院”等相关话题的阅读量过亿。

它之所以这么受欢迎，就是因为它是基于应用场景的内容生产，以受众为中心，来实现传播目的。这种打造互联网产品思维方法提升了新媒体的传播力，优化了传播效果。

（二）用户思维

除了产品思维，用户思维是“硬币”的另一面。用户思维就是受众思维，这也是互联网思维的核心，其实质是强化用户意识，开发更加适

①樊康屹.以受众为中心 以到达为目的——借鉴产品思维方法提升新媒体的传播力[J].报林，2019（06）：31-32.

合用户需求的个性化媒介产品。

用户思维，就是一切要以用户为核心，解决用户痛点，满足用户需求。拿写新媒体文章来说，新媒体内容生产者需要考量自己写出的内容是否与用户有关、对用户有用，是否有实用价值、学习价值或娱乐价值，是否能够满足用户的多样化需求，如信息需求、娱乐需求、服务需求等。

比如，人民日报公众号上的夜读书“FM”栏目，文字及有声朗读同步推送，话题都很“接地气”，家长里短，人情冷暖，无所不谈，像“三天单位、两天居家，是打工人的福利还是挑战？”“中国式父子：爱在心、口难开？”“今年春节，你花了多少钱？”等，贴近用户的生活，能与他们产生共鸣，所以该栏目颇受欢迎，公众号阅读量超过9亿人次，在全国报纸微信公众号中排名首位。由此可见，确立用户思维是新媒体扩大影响力、增强传播力的现实选择。

（三）营销思维

为了让内容实现高传播率，新媒体内容生产者还需要具备营销思维。

在新媒体作品发布后，新媒体内容生产者还要根据用户的反馈，建立用户数据分析库，用更精准的用户定位来增加用户的黏性，同时，不断地对产品进行更新迭代，提高用户的留存率。

比如，微信朋友圈的Feed流广告，“世界上最遥远的距离是你收到了宝马，我却只有可乐”成为转发无数的金句。这句广告方案的热度高，就是因为紧抓用户心态，让好奇、攀比成为自传播、自宣传的动力。

（四）共享互动思维

另外，新媒体本身的交互性特征，注定了新媒体内容创作者必须要具备共享互动思维，在创作时要注意增强用户的参与感：第一，新媒体创作者可以在作品中设置一些环节，帮助用户参与到具体的活动中来；第二，新媒体创作者要注意在作品中用情怀唤醒受众的内心情感，或搭建场景，与受众建立更多的情感连接，产生心灵上的共鸣。

比如，文创综艺《上新了·故宫》设计了“文化探秘”和“文创运营”的环节，带领观众穿梭于历史和现实两重时空，在加深观众对于传统文化内在蕴藉的理解的同时，也给予他们参与文创设计并将产品带到现实生活中的机会，收获了口碑和市场的双丰收。①

综上，新媒体写作不是简单意义上的写作，它的目的是和用户交朋友，是在推广产品。能否持续不断地生产出满足用户需求的优质内容，是能否成功吸引用户注意力及稳定保持用户注意力的关键，这是新媒体内容生产者必须迎接的时代挑战。

链接：从经营角度讲，“媒体本质上做的是一种注意力经济”，微信、微博等一切产品，都是注意力商品，本质是在竞争受众的注意力，最后都是为了商业上的转化。因为年轻人是主要的受众群体，更容易接受碎片化的信息，也更加个性化，所以新媒体的内容生产者要更多地关注年轻人信息接受的习惯，学习年轻人的话语体系，如此才能创作出吸引年轻人注意的产品。

①夏亦舒.新媒体环境下“文创+综艺”的创新性表达——以《上新了·故宫》为例[J].新媒体研究，2019，5（18）：118-119.

第二章

练就时代慧眼：挖掘新媒体选题

做好选题策划是新媒体从业者的必修课。那么，如何在海量的信息中选定自己的选题内容？选题策划有哪些通用的内在逻辑？答案是新媒体人需要练就一双时代的慧眼，抓住个人专业优势，在符合主流价值观、新闻传播规律的前提下，从受众角度出发策划内容，如此才有可能策划出精品，让自己在竞争中立于不败之地。

“文章合为时而著，歌诗合为事而作”，掌握了新媒体创作的基本思维，我们就可以有针对性地进行选题策划，创作出更符合平台调性和用户需求的作品。但新媒体平台的内容和形式各有侧重，新媒体内容形式也不一而足，那么一个新媒体人到底该如何定位自己的内容方向，筛选出属于自己的新媒体选题呢?

有一点是肯定的，那就是新媒体的内容创作必然是在时代的画卷上绘制独属于自己的精神图谱。这里就暗含新媒体选题的两个精神要义：一方面新媒体内容创作者要与时代同行，抓住时代热点，积极有效地去深入感知和表达，对时代和世界作出某种回应；另一方面，新媒体内容创作者要不落窠臼，圈定独属于自己的内容领地，打造自己的内容IP，展现出自己独特的魅力与优势输出。除此以外，新媒体从业者还要擅用选题工具，利用工具的力量，在海量的选题资源中，锚定自己最终的选题方向和内容。

在这里，我们就结合以上几方面，总结一下各平台通用的新媒体选题方法，为下一步内容创作理清选题方向。

第一节　与时代同行：新媒体选题的基石

新闻界有一句格言，“记者是站在时代航船最前端的瞭望者”。新媒体时代，新媒体的内容创作者也要做站在时代航船最前端的瞭望者。为此，新媒体内容创作者可以从三个维度来把握选题的策划思路。

一、符合时代主流价值观，策划党性和人民性统一的选题

新媒体的内容通常给我们一种价值多元的主观印象，好像选题和创作不受任何拘束，其实不然。选题策划作为一种文化引导、文化设计和

文化创造，要“因势而谋，因势而动，顺势而为”，这里的“势”，指的就是党性和人民性的统一。这是新媒体选题策划应该坚持的政治方向。

（一）围绕时政新闻来选取话题

时政新闻在媒体宣传中处于很重要的位置，新媒体的选题可以围绕时政新闻来选取话题。比如行业类新媒体微信公众号在进行选题策划时，可以着力寻找时政新闻与所属行业的结合点，具体方法有两种：

第一种是“顺藤摸瓜”，即根据时政新闻找到其中与所属行业相关联的内容。例如：中国海洋报官方微信公众号“观沧海”的用户群体是关心海洋、从事与海洋相关工作的人员，“观沧海”在策划新媒体内容选题时，注重从用户群体的角度出发，围绕海洋等自然资源来进行选题策划。2018年5月6日，国务院总理李克强访问印度尼西亚的消息一出来，“观沧海”马上发文《跟着总理的脚步，看中国与印尼的“海洋情缘”》，这一选题，就很好地将时政新闻内容与专业进行了无缝对接，读起来既有趣又有料。

第二种是“由此及彼”，即以时政新闻为引子，引出与之相关的别样内容来吸引读者。例如：中国著名语言学家、“汉语拼音之父”周有光先生去世时，“观沧海”推出《你敢大声念出这些字吗？（听说全念对的没几个）》，列举那些沿海地区难认、易错，唯有通过汉语拼音“修正”的地名：一方面，来表达对周有光先生的怀念之情；另一方面，让读者感受到周有光先生在语言文字方面所做出的贡献。“观沧海”深耕所属行业，紧贴时代，不忘用户需求，这样的策划选题既抓住了专业优势，又不与时代脱节，是值得其他行业媒体学习借鉴的。

（二）从重大议题中找选题

重大议题是一段时期内国家重点关注的话题，如乡村振兴、脱贫攻坚、新中国成立70周年等，每一个话题都极具新闻价值。

例如：在新中国成立70周年时，为致敬伟大时代，《人民日报》与新媒体平台共同发力，以“新技术+新思路”推出的代表性融合新闻产品，如H5作品《56个民族服装任你选！快秀出你的爱国Style》《穿上军装》《一笔画出70年》《今天，我们都是升旗手》《复兴大道70号》《记载了70年美好的抖音号》，这些洋溢着爱国情怀、全民参与或有集体仪式的“年代秀”，传播效果十分好。

在波澜壮阔的重大议题面前，新媒体人应具备敏锐的时政嗅觉，积极寻找并发现选题，并通过一定的技术语言和形态创新，制作出贴合时事热点、增加用户的参与度、具有良好的传播效果的优质作品。

新媒体虽然使用与传统媒体不一样的传播媒介，但从本质上说，它也是时代的记录者，所以，新媒体从业者也要紧跟时代潮流，做惠民政策的传播者、时代风云的记录者、社会进步的推动者，在记录伟大时代的同时，讲好中国故事。

二、瞄准民生需求，策划有思想、有深度、有温度的选题

新媒体时代，传播的层级被打破，人人都能参与信息传播，每个人既是受众，又是传播者和传播渠道。面对信息爆炸式地增长，与传播媒体时代被动接受信息不同的是，受众有了更多的选择权，可以自由选择自己需要的信息。这时，新媒体的内容创作只有满足了受众某一方面的需求，才会被他们乐于接受。

所以，新媒体的选题尽量要具有普适性，能覆盖范围较广的受众，照顾到大多数人的利益需求。比如民生需求就是社会中大多数人的需求，因此也可以作为新媒体选题的一个方向。

（一）选取代表性强、影响力大的话题

民生问题是党和政府的头等大事，但是，这并不代表所有的民生问题都适合做新媒体的选题。因为民生问题本身是多元化的，产生的舆论导向也不一样，有的是弘扬社会正能量的，有的较敏感的话题处理不当会走入宣传误区，所以，新媒体内容创作者需要对民生选题进行仔细筛选，把握好尺度。

在民生问题的选题上，可以选择一些时效性强、具有代表性和社会影响力的话题。比如，上海从2019年7月1日起实行垃圾分类政策，将垃圾进行干湿分离，分类处理，社会反响很大，带动了全国其他城市效仿“上海模式”开始进行垃圾分类。很多新媒体平台的嗅觉很灵敏，立马就推出相关的推文。

比如，东方网公众号平台在当时就发表了一则推文《官宣！正版上海垃圾分类图来了，垃圾别再错投啦》，用图文的形式为受众解读政策，特别是用图片的形式将干湿垃圾等进行分类说明，让受众一看就懂，也易于学习操作。

（二）关注民生热点话题

民生热点话题是与人们的生活息息相关的话题，如健康、环保、食品安全等大家都关注的热点话题。

比如，2022年“3·15”晚会对没有任何食品安全保障的“土坑”酸菜进行了曝光，很快网上就出现了各种关于“土坑”酸菜的消息，引发

一拨又一拨的舆论声浪。

各大新媒体平台关于“土坑”酸菜的推文层出不穷。有一则推文呈现的角度很新颖，它是从近期上海疫情严峻，超市的食品架都空了，唯独酸菜牛肉面的这一层满满当当的现象入手来分析，给受众留下了深刻的印象。

民生热点话题，对于新媒体内容创作者来说并不难找到，关键是要找到这些话题和平台用户的契合点，让用户产生阅读的欲望，这一点是需要在实践中不断摸索的。

（三）重视社会大众的痛点问题

大众的痛点问题主要是其在生活、工作的过程中经常抱怨、感到极度不满的问题，主要表现在以下四个方面：第一，就业问题；第二，社会保障问题；第三，读书教育问题；第四，住房问题。

比如，排在第一的就业问题，就是很多毕业生和职场人士心中不能言说的痛，这就是很多新媒体平台一连几年都会发关于“留在北上广深，还是选择回老家?”的推文，而且阅读量都很高的原因所在。

再如，北京等一线城市的买房、租房问题，高昂的房价让社会大众叫苦不迭，关于此类话题的新媒体推文也屡见不鲜，有的新媒体平台在推文上调侃“北京一套几十平方米的房子需要不吃不喝积攒几百年才能到手”，让有同感的人看后笑中带泪，很容易产生情感共鸣。

无论怎样，民生问题都是新媒体选题绕不过去的“坎”，因为人不可能在真空中生活，但新媒体内容创作者需要注意的是，在做民生问题类的选题时，要重视审核新闻的真实性，不要不经过审核就随便发布到网上，迅速传播，将负能量带给其他人，造成不好的社会影响。

三、挖掘民族文化，策划体现时代精神的特色选题

“民族的，就是世界的”，在我国的民族文化宝库中，只要用心撷取，一定可以从中甄选出一批具有鲜明民族文化特色、体现时代精神的特色选题。

比如抖音的爆款视频“第一届文物戏精大会”，视频中，唐三彩胡人跳起了拍灰舞，“说唱歌手”兵马俑为“中国符号”——秦始皇加油助兴，人面纹方鼎玩起了98k电眼……该视频2018年5月17日上线，4天播放量就突破1.18亿，可见它的受欢迎程度。选题的创意很好地体现了“民族的，就是世界的”文化内涵。据抖音活动相关负责人介绍，在前期的策划过程中，团队不断请教博物馆的专家并与其沟通，在文物严谨性、时代创新性与用户需求的交融中寻找契合点。

该选题的立意可以用两个问题来阐述：随着生活节奏的加快与生活娱乐方式的转变，如何让年轻群体重回博物馆感受民族宝贵的文化遗产？如何让博物馆得以脱离时空限制，让国宝级文物覆盖更广泛的受众？

基于此，我们可以看到创作团队将抖音上流行的“拍灰舞”“98k电眼”“我背后有人”“千人千面”等备受年轻用户欢迎的流行元素与国宝进行有机融合，为其注入更加鲜活、更具时代气息的年轻生命力；通过骨节动画的技术团队以及配音特效等一系列新媒体技术，让博物馆文化和中华民族宝贵的文化遗产脱离时空限制，走进更多的年轻受众心中。

这是值得新媒体内容创作者在策划选题时学习借鉴的：针对市场对中国文化的兴趣点和需求点策划选题，在满足受众需求的同时，也可以利用新媒体的自身优势，来扩大文化传播的范围，加大传统文化的传播力度。

链接： 在如今信息爆炸、渠道多元、媒介开放的条件下，新媒体内容创作者在进行选题策划时，要把握正确的舆论导向，这是创作的前提；而且，要练就时代慧眼，与时代同行，倾听人民的心声，做时代风云的记录者；值得重视的是，在满足平台受众需求的同时，新媒体内容创作者也要不忘把社会效益放在首位，传播先进文化、重塑道德风尚、弘扬社会正气。

第二节　抓住热点：在聚光灯下起舞

新媒体的交互性特征使其能与受众真正建立联系，所以新媒体选题的生命及意义离不开用户的使用和反馈。再加上新媒体“10万+”的游戏规则，新媒体选题的意义和价值必然受限于其中。上述两个要求使新媒体选题的逻辑内涵发生了微妙的偏移：传统媒体选题的评价标准主要是“信息逻辑”，即“信息含量”的多少，而新媒体的选题价值则主要转向“信息逻辑”基础上的“流量逻辑”。

怎么才能获取流量呢？无非是内容要吸引人们的注意力。在新媒体舆论生态中，那些但凡能够拨动社会情绪的议题，如近期发生的长沙自建房倒塌事件等热点事件，必然会成为备受关注的热点。

所以，从热点事件中找选题，也应该成为新媒体选题的一大来源。

一、热点：捕捉能够引起大家高度关注的话题

在新媒体时代，热点稍纵即逝，抓热点成为新媒体内容创作者日常工作的重要内容，与近期热点结合的选题往往都能取得良好的效果。因为，这类选题属于大众普遍关注的话题，没有标准答案且容易引起争议，往往容易获得传播，使文章有机会得到更高的曝光率和关注度，提高文

章的点击率。

（一）“可预见”的热点：在固定时间节点发生的社会事件

比如，2022年2月4日开幕的冬奥会，本来冬奥会的举办不算一个严格意义上的热点，但是，由于疫情的出现，北京冬奥会能够如期举行就成了万众瞩目的大事，自然成为一个热点。由于它的开幕是有具体日期的，所以就是“可预见”的。

以此类推，几乎所有在固定时间节点进行的赛事、考试、颁奖礼、节假日等，如每年年初网络上就会出现××年营销日历，上面记录了各种节气、节日，这些都是属于“可预见”的热点事件。

（二）“不可预见”：突发的社会热点和明星八卦

这类热点具有突发性，显然不可预测，但我们却能够通过一些渠道在第一时间得到消息。

比如，2020年初突然暴发的疫情是当之无愧的第一热点事件。事前绝大多数人都是无知无觉的，感觉像被“偷袭”了一样，但事件发生后，铺天盖地的相关信息每天都出现在电视上、手机讯息里、社交媒体平台上，只要有心关注的民众都可以知晓。

又如明星八卦消息，社会大众可以在微博、头条号等平台第一时间知晓，如2022年1月底，知名影星黄晓明在微博上宣布和女星杨颖离婚就是一个轰动的热点事件。一时间关于他们的新媒体推文铺天盖地，标题噱头十足，但点开又无实质内容。像这类的娱乐事件都是由当事明星带来的流量，等时效一过，往往不会再受到关注。

在前面已经提到过微博平台具有“热搜”的属性，所以找热点事件，可以去微博上看一看。我们从2021年上半年的《微博热搜榜趋势报告》

可以看到2021年5月至6月的热搜事件：

5月30日南京警方通报男子驾车撞人并持刀捅人

5月31日三孩生育政策来了

6月3日全智贤被传离婚

6月7日高考语文/高考数学

6月15日王思聪和孙一宁的聊天记录曝光

6月17日神舟十二号发射升空/神舟十二号发射圆满成功

……

上述热点既有关系国计民生的社会大事件，又有娱乐热点，个个抓人眼球，几乎可以成为新媒体热点选题的一个微型选题库。

二、看点：选取与平台用户定位相关联的主题

传统媒体的接受对象是“受众”，而新媒体面对的是新媒体语境下的“用户”。从“受众”到“用户”，并非简单的表述方式的变化，而是从根本上重构了选题的“出场”方式。因为，“用户”并不是被动接受信息，而是会选择与自己有关联的信息。而这种关联无非表现为：对“我”有用或对“我”有利。

这就解释了一些速成理财课程，如《七天掌握理财必备技能》《零基础学习基金定投理财》等有时候会卖得好的原因，无非是钻了投机取巧的人性弱点的空子，以与用户群体利益相关的标题吸引他们打开。

像这种选题当然不可取，因为它的价值取向不太健康，目的无非是赚快钱，不值得推崇。

但是，我们可以选取与用户群体密切相关的、对用户的生活具有实

际帮助的主题做选题。例如母婴类新媒体“年糕妈妈”,主要是提供母婴类相关知识和服务,凭借专业的母婴内容体系和成功的人格化运营,积累了大批核心用户。它的内容聚焦在0～6岁宝宝的喂养护理、早教启蒙、育儿知识,有很多实用性的选题,如《5岁前不建议让娃做这2种运动!对生长发育没好处,还伤积极性》《孩子的这2个地方别乱亲,容易让Ta生病!》《春天是长高的黄金期,给娃这么吃,事半功倍!》等,会引起0～6岁宝宝的父母的关注。

所以,新媒体内容创作者在寻找有看点的选题时,要注意从用户群体的角度出发,考虑到选题与他们的关联性,以此为依据来进行选题策划,才能引起用户的注意。

三、情绪点:围绕用户的“痛点”话题做内容

用户“痛点”的背后是情绪点,以“痛点”话题做内容,自然能挑起用户的“情绪”,触及用户情感。

人都有七情六欲,一个社会人在生活和工作中的“痛点”,往往包括以下几点:

(一)职业发展

职场是一个社会人除了家之外的主要活动场所。职场上的问题林林总总,如办公室的人际关系,员工与老板的相处、职位升迁等。这些选题个个都是职场人的“痛点”,说出来都有很多看点。

比如,曾经叱咤新媒体平台的咪蒙就是深谙人性、会抓“痛点”的能手。她的《职场不相信眼泪,要哭回家哭》这一篇媒体文,从标题就能戳中职场人士的心窝,尤其是毕业不久的职场小白感触会更深。在文章中,她用一个又一个在职场中随处可见的小例子,如帮老板拿快递,

工作得不到老板肯定被训斥等，阐述了职场上的一个法则：竞争残酷，胜者为王。这样的内容一定会引起职场人士共鸣，因为共情度高，传播效果自然好。

（二）家庭婚姻

这类选题往往是已婚妇女的痛点，说得更明白点是婚姻家庭不那么幸福的女性的痛点。因为幸福的家庭是相似的，不幸的家庭各有各的不幸，为了改善家庭的状况，缓和关系，这类女性群体往往有着迫切想解决自身所面临问题的需求。

女性新媒体“灵魂有香气的女子”主要就女性感兴趣的话题生产内容，影响着女性价值观与生活方式。其内容涵盖婚姻家庭、人物故事、生活方式等层面，非常重视与用户间的互动。在《“丰县8孩母亲”事件：我们仍在真相外围徘徊》《谁把李靓蕾逼“疯”的?》里，平台为女性发声，探讨女性自我成长、两性关系等话题，从目标用户的需求出发，努力与用户建立情感连接，吸引女性受众关注。

（三）个人成长

这类选题不分年龄大小，覆盖面较广。当代社会飞速发展的科学技术，丰厚的物质资源，并不能完全满足大众身心愉悦的生活需求。在这个背景下，个人成长，尤其是心灵成长的话题对于大众来说就显得极为重要。因为，这能帮助他们安顿身心、平和心态，更好地前行在人生道路上。所以，个人成长、心灵成长类的选题拥有很大的受众群体。

比如，“壹心理”是中国最早做心理咨询服务的平台，其用生动有趣和实用的方法与心理学结合，让用户产生浓厚兴趣的同时，帮助用户解决情绪问题。像《有一种爱自己叫“我不必完美”》《成年人处世规则：

请收起你的“高情商”》《精神内耗的人有多痛苦？小心这个习惯毁掉你》等，都直击用户“痛点”，用有趣、有爱、实用的表达方式为每一个用户解决情绪、情感、个人成长等心理问题。

（四）生老病死

生老病死是每个人都要经历的人生旅程，是永恒的痛点。这类选题可以覆盖所有的成年人。从审美的层面来讲，哲学类的公众号能够用高深的哲学知识联系人们的实际生活，深入浅出地向人们传递生活的智慧，帮助他们豁达地看待人生，走好人生路。

比如，哲学家周国平创立的“周国平”公众号，用哲学理论和人文思想来指导用户积极面对人生中的痛苦，像《人生实苦，我们活着的意义就在于此》《不要用世俗的标准定义幸福》等文章，都呈现了人生实实在在的困境，作者用平和的文字抚慰用户，鼓励用户重构自己，获得直面生活的勇气，真实地面对人生。

再如，来自苏州大禹网络科技有限公司的原创3D动画《一禅小和尚》。小男孩一禅聪明伶俐，因为被阿斗老和尚收养，自小在庙里当小和尚。一禅喜欢问师父关于人生、修行还有生老病死等方面的各种问题，每次师父都会讲一些道理，帮助一禅成长。《一禅小和尚》凭借精良的制作、温暖动人的文案、有趣温情的故事引发无数观众情感上的共鸣。

“痛点”是不能承受的生命之轻，它是大众的情绪开关，新媒体内容创作者只要用心观察生活，就能找到与用户息息相关的有价值的话题。

四、槽点：引发用户“吐槽”点的讨论

“吐槽”有“挖苦”“抱怨”“找茬”等意思，是一种简单粗暴地表达内心感受的方式，不需要费心思组织语言，也不需要思考。在新媒体的

社交平台中，我们经常看到网友在微博吐槽来宣泄情绪。现代社会生活和工作的压力就像大山一样压得人喘不过气，人们需要一个发泄的通道，互联网上的虚拟身份给了人们安全感，可以无所顾忌地宣泄内心的情绪。

在新媒体平台，高冷的形象往往无法赢得网民的好感因而难以互动，而以吐槽为基点则能迅速拉近双方的距离，发展互动。这就是为什么企业家、明星在社交平台露脸，时不时会自嘲一下，来展现自己亲和的一面，让网友觉得真实可亲。比如，明星企业家雷军，他的武汉口味的普通话，乡土味特别浓厚的英语发音，都是他的“槽点”，给大家制造了很多笑点，留下了吐槽的空间。

除了雷军，马云之前的“996是有福气”的说法也引发了广大网友的疯狂吐槽。有人说，“站着说话不腰疼，你是想996就996，我们是不得不996”。马云说的话带有明显的槽点，让大家听了不由自主地想去评论。

上述这些案例，给新媒体内容创作者在策划选题时提供了一个可借鉴的思路：在做内容的时候，可以留下有争议、有槽点的地方，给用户提供一个吐槽你、评论你的由头，成为与用户交流情感的连接点，从而引发共鸣。

链接：新媒体选题是由大众决定的，好的选题都来源于深刻的用户洞察，新媒体写作的本质不是“表达逻辑”，而是站在用户的角度去感受的“倾听逻辑”。基于此，新媒体内容创作者要针对用户的需求来进行选题，满足用户的感性需求，提供有“情绪”的内容，还要满足用户的理性需求，提供其所需要的知识、技能信息，来达到吸引用户的目的，使文章有机会获得更高的曝光率和关注度。

第三节　灯塔“人物”：盯紧“创作”风向标

与时代同行，抓住热点，帮助了大部分新媒体从业者找准了选题策划方向，那么对于一些知识类新媒体从业者又该向谁学习策划选题并创作相应的内容呢？在这里，我们为新媒体从业者提供一个思路，那就是紧盯创作的“风向标”。

正所谓“行行出状元”，新媒体经过多年发展，涌现出一批批优秀的内容创作者和内容制作平台，如罗辑思维、十点读书、凯叔讲故事、樊登读书、喜马拉雅等，这些内容从业者或内容平台犹如一座座闪亮的行业“灯塔”，通过市场的检验反映出用户的真实内容需求，引领着自媒体人的创作方向，并激励鼓舞着一群群“后浪”迎头赶上。现在，我们就以“罗辑思维”“樊登读书”和喜马拉雅平台的主要创作特点与内容体系为例，看看它们是如何布局内容创作的。

一、罗辑思维：用个人魅力打造实用能力塑造类知识产品

“罗辑思维”定位于互联网时代知识的运营商和服务商，其发展历程可分为两个时期，第一个时期是以“罗辑思维”网络脱口秀节目和“罗辑思维”微信公众号为主的自媒体时期，第二个时期是推出“得到”APP后的知识服务商时期。

罗振宇提出，从某种程度上来说自媒体时代不再简单地遵从“内容为王”的原则，想要取得成功，需塑造“魅力人格体”。究其原因是新媒介的发展使内容渠道越来越多，供观众选择的优质内容越来越多，在此背景下内容将无法作为吸引用户的唯一因素。真正能够吸引用户的是符

合用户的层次、偏好，能够引起用户认同、激发用户共鸣的魅力人格。罗振宇的魅力人格主要体现在每天上午准时推送“罗辑思维”公众号微信语音的“死磕精神”，还有“自带信息，不装系统，随时插拔，自由协作”的“U 盘式生存”的互联网精神，还有“接地气”、讨用户喜欢的幽默和亲和力的风格。

罗振宇在 2016 年的一次演讲中表示“罗辑思维”将上线知识服务，并在此次演讲中将“罗辑思维”定义为“知识服务供应商”。“得到”APP 上线后，“罗辑思维”开始“去罗化”，其不再仅以罗振宇为核心，转而邀请薛兆丰、武志红、李笑来等一批知识精英入驻平台生产知识内容，实现了优质内容的可持续生产。“得到”APP 提倡以用户为中心的知识服务理念，要求在生产知识内容时，知识生产者必须重视用户的实际需求，生产出对用户真正有用的知识产品；在生产知识时，不采用传道授业解惑式的说教方式，而应瞄准用户学习时间不足的实际情形，帮助用户补充知识漏洞，拓展认知边界，满足用户“成为更好的自己”的期待。①

笔者翻阅了湖南师范大学研究生衣春悦的论文《“罗辑思维”知识服务研究》，经过取样抽检，对比“得到”APP、“罗辑思维”网络脱口秀节目及“罗辑思维”微信公众号这三个平台的知识产品主题，可以发现②：

三个平台中最受欢迎的主题类型是“实用能力塑造类”，这是与用户需求紧密联系的。“罗辑思维”的主要用户是正处在职场上升期、人生关键期的中青年群体，他们把学习当作提升自身竞争力的基本手段。所以，他们对实用能力塑造类知识产品有很强的选择倾向和偏好。

在知识产品的主题设置偏向方面，“得到”APP 中“实用能力塑造

① ②衣春悦．“罗辑思维”知识服务研究[D].湖南师范大学，2021.

类”课程最多，网络脱口秀中“人文社科类”节目最多，微信公众号中“人文社科类”推送最多，这主要与三个平台的产品定位有关。

“得到”APP的产品定位带有浓厚的功利性及实用性特点。知识产品交付后最终必须成为可以被用户应用的技能，或者成为解决问题的方案，因此实用能力塑造类的知识产品数量最多。“罗辑思维”网络脱口秀节目的定位是向用户分享“有趣、有料、有用”的知识，带有一定的娱乐性和趣味性，更加注重通过解读书本及解读历史、政治事件的方式向用户传递知识，因此人文社科类的知识产品最多。“罗辑思维”微信公众号中“罗胖60秒”栏目的定位是向用户分享观点，与产品定位相契合，视野与价值观类的知识产品最多。“罗辑思维”知识产品主题特色是实用型知识与基础学科知识并重，注重厚积薄发。

实用型知识是为了帮助用户缓解知识焦虑。知识经济时代，知识更新的速度快得让人跟不上，用户很担心自己一不留神就成了时代的落伍者，于是产生了知识焦虑。“罗辑思维”等知识产品出现后，用户看到了提升自身的希望，渴望通过这些付费的知识产品帮助自己迅速得到提升。

基于用户的需求，“罗辑思维”在知识产品的主题设置方面突出了实用性，为用户打造、交付了涉及沟通表达、思维方式、人际关系、职场技能等能使用户迅速获得自我提升的优质课程。像《怎样成为时间管理的高手》《跟熊浩学沟通·30讲》《怎样成为压力管理的高手》等课程都属于此类。

但万丈高楼平地起，这些实用型知识虽然可以让用户在短时间内提升自己，但无法让用户找到知识的源泉，获得终身成长，所以，提供基础学科知识的学习必不可少。学习基础学科知识是为了帮助用户打牢知识基础：“罗辑思维”在提供快餐式的实用型知识时，也注重向用户提供经济、政治、历史等基础学科知识，体系化地满足用户的求知需求，将用户接收到的知识点连接成线，帮助用户建立起知识结构。

“罗辑思维”通过对实用型知识与基础学科知识的平衡供给，不仅帮助用户缓解了知识焦虑，还帮助用户实现了深度、系统的知识学习，真正地使用户从整体上获得了自我提升。①

二、樊登读书：从目标人群出发推动全民阅读浪潮

樊登读书是由前中央电视台节目主持人、MBA资深讲师樊登博士于2013年发起，同年10月正式成立，创办开始就采取收费模式。2018年“樊登读书会”正式更名为“樊登读书”。

樊登读书的产品分为两块：一个是主打产品“樊登读书”APP；另一个是知识超市，集中打造知识大咖们的优质课程，这些课程都是单独定价。除此之外，他们还会与各领域的头部IP联合打造线下训练营等模式。

樊登读书主要服务的是三类人：没有时间读书的人、不知道读什么书的人、读书效率比较低的人。为了让用户快速找到适合自己的内容并长期买单，樊登读书在选品方面，会选择大众普遍关注的内容，如事业、家庭、心灵、文化四个方向，把精华部分提炼出来，用音视频的形式传递给用户，很好地满足了他们吸收知识的需求。

对于未来，樊登读书有更大、更长远的规划——坚持以读书为原点，打造一个“生态化”“场景化”“多元化”的知识平台，全方位推动全民阅读的学习浪潮。②

---

①衣春悦.“罗辑思维”知识服务研究[D].湖南师范大学，2021.

②冯晓霞.樊登读书：用耳朵打开书籍[J].光彩，2019（05）：27-29.

三、喜马拉雅：整合资源优势打造音频节目

与罗辑思维和樊登读书以自制节目为主不同，喜马拉雅虽然也自制节目，但更多是一个内容发布平台，不过喜马拉雅仍然有自身得天独厚的用户资源优势，他们可以从用户检索和站内热词上率先发现用户的关注点，从而自制节目或邀请相关领域的内容方进行相应的节目制作，所以新媒体人在策划内容选题时，可以参看喜马拉雅的自制节目和新品排行榜，这在一定程度上，代表了内容发布平台上的内容从业者们经过市场检验的值得尝试的创作方向。

比如，喜马拉雅发现用户喜爱相声类节目，不仅早在2016年就邀请德云社入驻，还为郭德纲、于谦量身打造了文化类音频节目《郭论》《谦道》等，用诙谐幽默又富含哲理的语言，与广大听众畅聊文化、生活、人生，以及吃喝玩乐那些事，均收获了几亿的播放量。

现在喜马拉雅的专业用户生产内容正在成为内容增长的新风口。这一转变的背后是喜马拉雅建立的完善平台扶持机制，很多类似字节有趣、有声的紫金、德云社等内容方和个人创作者，也借助喜马拉雅制作人的支持和指导实现了从热爱、参与、创作、职业化到商业变现的全过程，实现了内容产出向PUGC乃至PGC的转变。比如，2020年，字节有趣以个人成长类内容在站内火爆，字节有趣作为喜马拉雅邀请创作的内容方及时上线了《口才三绝　为人三会　修心三不》这张个人成长类专辑，一经上线立刻爆火，并荣登全国知识付费类产品排行榜“新知榜”的全国榜单第二名，当时第一名的是前面提到的于谦的《谦道·笑玩江湖》，第四名是郭德纲的《郭论·夜总荟》，第五名是罗翔老师的《罗翔开讲：人性与罪恶》。可见，喜马拉雅在捕捉用户需求上的敏锐度是值得内容创

业者学习借鉴的。

截止到2021年6月，喜马拉雅已经形成了涵盖98个类别、时长总计4000余年的庞大内容库。相较于国内的主要提供剧集、体育、综艺等娱乐内容的长视频平台优酷、爱奇艺、腾讯视频和开辟知识、实行课堂分区的bilibili，喜马拉雅的教育知识类内容也要丰富得多，尤其在幼教、早教、胎教方面，喜马拉雅相关内容的丰富度显著高于bilibili等长视频平台。

从内容来看，喜马拉雅平台的教育知识类内容更具专业性和系统性，更有深度且结构化，并且涵盖内容分类更广，因此对寻求教育内容的用户优先级更高。

综上所述，罗辑思维、樊登读书、喜马拉雅这些知识付费行业头部知识供应商，凭借各自新颖、有趣的知识兜售方式，吸引了大批忠实的“粉丝”，造就了知识付费行业的繁荣景象。他们策划产品时，在精准把握用户需求的基础上进行选题策划，并且从各自的平台特点出发，采取音频、视频、社区问答等多种产品形态结合的方式，以满足不同用户多层次、多维度的需求，这些都是值得新媒体内容创作者学习借鉴的。

链接：选题策划是内容的源头，它的好坏直接决定了内容质量的优劣，所以选题创新至关重要。在移动互联网时代进行选题创新：一方面，要坚守住底线，不踏雷区，做符合国家政策和方针的选题；另一方面，要具备互联网思维，挖掘热点，吸引流量，达到最大的传播效果；同时不要忘记向“灯塔人物”取经。三管其下，创作出优质的作品来迎接用户。

第四节　善假于“物”：擅用选题工具

选题工具是新媒体内容生产者进行创作时必不可少的工具。因为，利用选题工具得到的相关数据分析是做好新媒体内容和传播的有力工具。新媒体数据分析的价值包括以下四点：

第一，梳理用户画像。

用户画像（User Profile），即用户标签化信息，是企业通过数据分析后得出的，包含人口属性、兴趣爱好、社交信息、消费习惯等特征的用户信息全貌。

明确用户画像对于新媒体运营意义重大，如果连用户是谁都不清楚，在运营工作中就会没有着力点，工作开展的好坏也没有办法评估。

第二，明确运营方向。

运营方向一般由用户需求和自身优势综合决定。用户需求可以通过分析后台用户来得到反馈，如用户留言、用户点赞等。自身优势可以通过分析历史推送情况，如通过分析在内容运营中哪些选题的文章比较受欢迎等来进行了解。

第三，评估运营结果。

通过数据评估运营结果也是新媒体工作中的重要一环。新媒体运营工作具体分为四个方面：内容运营，产品运营，活动运营，用户运营。

第四，把握市场变化。

腾讯、百度等大型互联网公司都开放了以海量网民行为数据为基础的数据分享平台，网民可以登录相关网站查看大数据，通过大数据研究关键词来关注趋势、洞察网民需求变化、监测媒体舆情趋势等，还可以从行业视角分析市场特点，洞悉品牌表现。

常见的互联网大数据包括百度指数、搜狗指数、头条指数、微博热搜等。新媒体从业者在找到热点需求后，接下来可从不同的平台入手，使用大数据工具分析竞争对手的情况，如清博大数据、新榜、数说风云、易赞、微风云、西瓜数据、微信热榜，以及微指数等工具。运用各种数据分析工具，可以有效提升新媒体工作效率。

下面我们就来认识一下这些新媒体数据分析工具。

一、百度指数

百度百科对“百度指数”的定义为：以百度海量网民行为数据为基础的数据分析平台。它是当前互联网乃至整个数据时代最重要的统计分析平台之一。因为，百度指数能够帮助用户研究关键词搜索趋势，洞察网民需求变化，监测媒体舆情趋势，定位数字消费者特征，还可以从行业的角度分析市场特点。

截至2014年，百度指数的主要功能模块有：基于单个词的趋势研究(包含整体趋势、PC趋势及移动趋势)、需求图谱、舆情管家、人群画像；基于行业的整体趋势、地域分布、人群属性、搜索时间特征。

对于新媒体从业人员来说，百度指数是很好用的内容选题工具。使用百度指数来进行内容选题时，可以采取如下步骤（以口腔移动医疗领域宣传部门的新媒体案例为例)：

（1）根据你所在行业和领域选取几个与用户行为最相关的关键词。假如你是移动医疗领域宣传部门的新媒体编辑，出于职业敏感，你可能会比较关注“矫正、种植、美白、蛀牙”等关键词的用户搜索情况，这时，百度指数就可以帮助你挖掘用户数据，更好地进行选题分析。

（2）研究关键词营销趋势，进行效果评估。比如，你发现搜索“矫正”“正畸”关键词的网友，对何时适合矫正、正畸的利弊等相关的信息需求量比较大，为满足这一需求，可以考虑写一些关于矫正最佳时机和矫正原理（医生视频解答）的科普文章。

（3）洞察用户的真实需求，明确用户究竟需要什么样的内容服务。比如，从与口腔相关的关键词近5年的搜索趋势来看，需求比较大的是智齿、矫正、牙齿美白这三大内容模块，由此可知用户对于需求服务的优先级是智齿—矫正—牙齿美白。

（4）监测舆情趋势，及时作出响应。通过舆情洞察，你可以知晓当下在搜索引擎里面用户比较热衷的问题有哪些。比如，对于那些与儿童口腔相关的“乳牙”关键词的搜索者，你推测他们比较关心的问题会是乳牙龋齿和乳牙更替的问题。

（5）定位消费者特征，知道用户是谁，多大年纪，在哪儿，哪一天搜索热情最高涨等情况。通过数据，你了解到与儿童口腔和乳牙相关的信息需求主要集中在30～39岁这一用户群体，矫正的需求则主要集中在20岁～29岁这一用户群体等信息。

二、新榜数据

新榜是上海科技看榜信息科技有限公司旗下产品，是一个综合性内容产业服务平台。新榜是中国最早提供微信公众号内容数据价值评估的第三方机构，已监测超过1000万个微信公众号，截至2017年2月，其已对超过35万个有影响力的优秀账号实行每日固定监测，据此发布微信公众号影响力排行榜（日、周、月、年），以及超过20个细分内容类别的行业榜和超过30个省区市的地域榜。

除了微信之外，新榜还被授权独家发布包括微博、今日头条、腾讯媒体平台、腾讯微社区、腾讯兴趣部落、搜狐新闻客户端、网易新闻客户端、凤凰新闻客户端、喜马拉雅、蜻蜓FM、荔枝FM、考拉FM、优酷、爱奇艺、秒拍、知乎等平台的数据，构筑了中国独一无二的移动端全平台内容数据体系。

三、清博大数据

清博大数据是一款常用的数据分析工具，集成微信、今日头条、抖音、梨视频等图文和视频平台的数据样本，向用户提供各平台榜单。清博指数提供的服务有：指数评估、行业分析、舆情报告、营销推广、定制培训、数据新闻等。与新榜一样，清博大数据的榜单分为日榜、周榜和月榜，用户也可以自定义榜单。

清博大数据的优点是除了提供账号榜单，还提供热文榜单和舆情分析，帮助新媒体运营者及时了解市场爆文情况，为账号内容创作提供参考。

四、西瓜数据

西瓜数据是专业的新媒体数据服务提供商，是公众号运营及广告投放效果监控的首选工具，系统收录并检测超500万个公众号，每日更新千万篇微信文章。

目前，西瓜数据提供的服务有：

公众号诊断：可对任意公众号进行运营质量检测及广告价值评估，提供公众号粉丝预估、发文分析、违规预警、广告报价预估、广告分析、公众号人群画像等。

阅读数监控：可对公众号发文进行预约监控或即时监控。提供分钟级的文章阅读数、点赞数监测，掌握公众号文章阅读走向。

公众号雷达：相似公众号匹配、地方公众号百科、公众号智能搜索等为用户提供包含预估粉丝数等丰富的公众号数据，打造最有价值的公众号库。

例如西瓜数据发布的《2021年公众号半年度生态趋势调查报告》显示：2021年公众号总体阅读数下降17.44%，阅读量超10万的文章减少30.25%；视频内容成倍增长，视频化趋势明显；广告投放相对稳定，原创广告文章增长31.71%；广告主更青睐影响力广的头部大号、性价比高的中腰部账号。通过详细分析，得出的结论是：公众号的打开率和阅读量受到短视频和直播的冲击遭遇下滑，但值得肯定的是，公众号仍是创作者沉淀内容、品牌沉淀用户、广告主连接用户的重要平台。

五、飞瓜数据

飞瓜数据是一个短视频热门视频、商品及账号的数据分析平台。大数据追踪短视频流量趋势，提供热门视频、音乐、爆款商品及优质账号，助力账号的内容定位、粉丝增长、粉丝画像优化及流量变现。

下面以分析网红抖音账号运营情况为例，详细介绍新媒体数据获取过程。首先，分析运营质量，关注该网红抖音账号的总粉丝数、获赞数，单条视频播放量、转赞评数等；其次，分析营销效果，作为网红博主、带货达人，其带货能力的分析对于广告投放等具有重大的意义；再者，分析整体环境背景，如网民人数、抖音使用人数、平均消费水平等，便于后期进行信息获取。最后，值得注意的一点是，正式进行数据处理和分析时，要尽可能多地找到相关数据，以提供更多的分析依据。

六、数说风云

数说风云是领先的社交媒体和数字营销内容与招聘平台，分享营销动态、创意案例、营销趋势和实践经验，为品牌主、营销代理商和媒体平台从业者提供交流和学习的平台；为营销生态从业者提供内容媒体平台、营销案例库、创意交流社区和线下活动等产品和服务。

七、易赞

易赞成立于2015年，是一个搭建自媒体与广告主对接的社会化媒体营销平台。目前平台提供公众号用户画像查询及新媒体观象台大数据。用户可以通过易赞官方网站及公众号“易赞”进行数据查询及分析。

八、微指数

微指数是通过关键词的热议度，以及行业、类别的平均影响力，来反映微博舆情或账号的发展走势。它是国内领先的微信大数据领导品牌，为广告公司、微信号运营者、新媒体行业和传统企业机构提供微信运营、微信营销、微信推广相关的最专业的大数据服务。

微指数分为热词指数和影响力指数两大模块，其中，影响力指数包括政务指数、媒体指数、网站指数、名人指数四块内容。此外，还可以查看热议人群及各类账号的地域分布情况。

九、头条指数

头条指数“根据今日头条热度指数模型，将用户的阅读、分享、评论等行为的数量加权求和得出相应的事件、文章或关键词的热度值”；还提供用户画像的分析功能，能直观呈现对相关关键词感兴趣的人群的性别、年龄、地域和兴趣爱好；选择特定的时间段，还能回溯某段时间内相应的数据表现。

头条指数具有辅助创作、舆情分析和精准营销三个主要作用，能够帮助自媒体进行创作。目前，头条指数的更新是按照小时更新的，相对微信而言比较及时，同时还能够提供数据下载。

十、微信指数

微信指数是微信官方提供的基于微信大数据分析的移动端指数。主要是帮助大家了解基于微信本身的某个关键词的热度，如某个事件、某个流行词在公众号、朋友圈中频繁出现，微信指数可以通过具体的数值把“火”的程度表现出来。

十一、微风云

微风云（原微博风云）是一家基于社交媒体平台做数据统计、监测、分析、挖掘的网站，可以提供微博和微信账号的影响力与价值排名服务，分析用户创造或传播的内容等，使微博微信用户更加了解自己的社交媒体账号。同时，它也给微博、微信上的商业账号或品牌账号提供第三方的独立分析工具，帮助商业用户提升影响力、传播度与商业价值。

十二、微信热榜

微信热榜是根据微信公众账号推送的文章的阅读数和点赞数，对文章和账号做的排行榜。

十三、360 趋势

360 趋势可以帮助用户快速获取热度趋势，理解用户真实需求，了解关键字搜索的人群属性。

通过上述的行业数据能帮助新媒体运营者了解市场格局和行业变化，

制定适宜的运营策略。但需要注意的是，真正有效的数据分析并不是事后才进行数据工作，而是应该在运营事件开始前就有数据分析意识，并且在运营执行过程中要不断地观察数据和调整方案。

可供参考的基本流程是：确定和分析问题—数据整理和分析（在实际业务过程中会产生大量数据，对不相关数据要进行清洗和整理）—评估数据出结论—整合结论作决策。

链接：对于新媒体的从业者来说，什么样的数据最有价值？当然是各大自媒体平台的数据，因为它们是新媒体平台中最具有参考性的数据。利用百度指数、新榜、清博大数据、西瓜数据、飞瓜数据等新媒体数据分析工具，不仅可以帮助新媒体从业者提高工作效率，还可以给新媒体从业者提供灵感，策划出更优质的内容。所以，熟练掌握这些新媒体数据分析工具，会取得事半功倍的效果。

第三章

新媒体图文内容创作：创作从“你”开始

图文类新媒体平台以传播文字和图片相结合的内容为主，其内容创作需要经过素材搜集、整理、定标题、组稿写作、配图发布等步骤。新媒体图文创作分为短图文创作、长图文创作。其中短图文创作以微博、小红书和微信朋友圈文案为主；长图文创作包括微信公众号推文、知乎文章、漫画长图文等。图文内容是新媒体平台进行宣传推广的关键，所有的一切都基于创作者的内容输出能力。

图文类新媒体平台和内容创作各有各的特点，但有一个共同点，即都源自创作者的自我表达。至于如何界定优良的图文内容，可以从内容与用户之间产生的关系来衡量，看内容本身是否与读者或受众完成了沟通的过程。内容与用户的沟通包括显性的沟通和隐性的沟通。显性的沟通就是一切可见的互动效果，如是否点赞、评论、转发等。隐性的沟通在于是否引起用户情感上的共鸣，如情感类的内容是否能让单身的用户产生一种谈恋爱的冲动等，显性的沟通对传播产生的影响较大，会让已完成沟通的用户为你扩散，最后触及更多的潜在受众。

所以，为了达到与用户的有效沟通，新媒体的内容生产者不仅仅需要学习各种文字写作技巧、图片排版等，更多的是需要从用户的角度出发，做出能够打动用户内心的内容，这样才能够引起共鸣，抓住用户的目光，达到对自身平台进行宣传推广的目的。这同时也是一种社交资本的积累，让内容创作能够产生复利。

第一节　新媒体短图文创作：微博、小红书、微信朋友圈文案

新媒体短图文，主要应用场景出现在微博、小红书、朋友圈文案、微头条、即刻等。一般来说，大众比较熟悉且较常使用的是微博、小红书和朋友圈文案，所以本书的新媒体短图文创作部分就以这三个应用场景为代表，讲述其创作技巧。

一、新媒体短图文标题制作

除了一些个人的个性化表达，微博、小红书和朋友圈在商业应用中，文案创作的目的多半是引导转化。标题在此类短图文中，更多是被当作

引流工具来使用。在微博、小红书和朋友圈中，小红书作为“种草”社区，在这方面的功用尤其显著。笔者将小红书标题的“种草”方式归为以下几种。

（一）话题法：具备讨论价值的话题+提问

需要注意的是，这种方式一般只有具备讨论和互动价值的情感类话题才容易出爆款，如《男朋友情人节送我一个10块钱的礼物怎么办，要不要远嫁?》因为更贴近用户的实际生活，用户有表达和讨论的欲望。

（二）陈述法：开门见山

小红书的多数用户目的性都很强，看帖是为了解决生活中的实际问题，所以陈述法就是让文章内容直抒胸臆，显得更有干货。具体包括两种陈述方式:

第一种：内容+作用，如《新手化妆误区|拒绝无效化妆!!》《各大美妆品牌必买单品|大牌必买清单》等。

第二种：问题+解决方案，如《家里装修瓷砖怎么选，牢记这几点不踩坑!!》《拒绝发黄|一招拯救你的白衣服》等。

（三）猎奇法：吸引用户

猎奇是人的天性，用户看到猎奇性的标题会忍不住点开，这时候就顺理成章完成与用户沟通、成功“种草”的目的。

比如:《猎奇口红！能喝能吃的口红真的好用吗?》《人生建议，千万别养猫!》等。

（四）共鸣法：打动用户

说出用户心里最想说的话，产生共鸣。这种一般适用于情绪价值方面的内容或者用于宣传某个产品或店铺，但不适合评测类的干货内容。

比如：《既要做自己，也要改变自己》《所有的坏情绪，买单的都是自己|学会调整情绪》等。

（五）热点法：吸引流量

就像前面在选题中我们所说的，蹭热点容易带来更大的流量，所以在小红书短图文创作中，蹭热点依旧是屡试不爽的法宝。

比如：《带货主播们究竟月入多少？合情合理合法合规》《“土坑”酸菜、“木薯”粉条？管得到位，才能吃得放心》等。

这里需要提醒的是，虽然爆款标题能够吸引流量，但新媒体的内容生产者应该清醒地认识到“准确”一定是优先于“吸引力”，因为这是底线，一旦越过雷区，媒体的公信力就会受损。所以，在拟标题时，要警惕不要陷入“标题党”的套路，使用诸如“哭晕在厕所”“99%的人不知道”等明显带有“标题党”色彩的词语。在不做标题党的前提下，谁的标题带来更高点击率，就是真正的好标题。

最后归纳为一句话，好标题的来源就是对所表述内容（特别是切入角度）的深度理解。功夫在课外，新媒体内容生产者需要对上述方法有针对性地练习，平时要多学习，多积累，多沉淀，才能在用时顺手拈来。

二、新媒体短图文正文写作

前面已经说过，好的内容关键是要实现内容本身与读者或受众的有效沟通。如何才能做到呢？如下几个方面，可提供借鉴。

（一）内容以“有用、利他”为原则

罗振宇曾指出互联网的下半场竞争从抢占用户转为抢占用户的时间。用户愿意花时间阅读的内容，无非是“对自己有用、有利”或“能让自己开心”的信息。由于平台属性不同，这些信息在微博、小红书、朋友圈文案中的表现方式是不一样的，我们分类来介绍。

微博作为带有媒体性、社会性、融合性的广场型社交平台，传递的信息是与应用场景紧密结合的，所以应根据应用场景来进行创作。

1.活动发布应用场景博文创作

商家会通过微博直播新品发布会，将第一手的新鲜资讯实时传递给用户，并且同步进行讨论，同时，还会在发布新品时进行邀请用户参与转发抽奖等相关的新品发布活动，以帮助新品获得更大范围的讨论与传播。

在这种应用场景中，微博文案有两种创作公式。

微博文案的创作公式一：话题+活动规则+话题+活动入口，如小米2022米粉节的活动文案。

每一次对极致的追求，
每一次对未来的探索
每一次不妥协的突破。(引导词)
都源自#小米12周年#未曾改变的初心，
我们要做用户心中最酷的公司！(首次出现话题)
所有米粉，2022#米粉节#现已开启（再次强调话题）
快来参加你的节日
关注并转评：有你真好（阐述活动规则）

抽送1台#小米12#

抽奖详情链接（告知用户活动入口）

微博文案的创作公式二是：话题+活动规则&活动入口+sku+活动入口，如“陈洁kiki冲刺双十一的活动文案。

“关注+带#陈洁kiki直播#话题转评赞词微博，

抽100位宝贝评分1W现金”（介绍话题+活动规则）

双十一不囤货，错过亏一年，10月20日双十一启动大狂欢，150件爆款大牌美妆天花板.保姆级选品，都是姐妹们空瓶无数的宝贝，莱泊妮、雅诗兰黛、SKI、Lamer、希思黎……平时想都不敢想的超低价，囤货自用、送礼都是巨划算!……（活动sku介绍）

10月20日下午16：00来#陈洁kiki直播#间（告知用户活动入口）

双十一薅羊毛马上开启!

相比较而言，第二种宣传效果更好，因为反复出现活动入口，促进转化。

2.热点营销应用场景博文创作

有的博主会通过当天的实时热点吸引粉丝关注，同时在文案中进行品牌露出或者引导用户互动，如插画师范艺宝Vivian在微博上抒发了关于七夕的感慨，配了关于杜牧的《秋夕》《山行》、贺知章的《咏柳》、白居易的《观游鱼》的插画，既展示了自己的插画水平，又与用户进行了有效互动。

在这种应用场景中，微博文案的创作公式一般为“热点+个人评价”或“论点+品牌”露出。

3.产品“种草”应用场景博文创作

有的商家或博主通过博文进行产品种草，实现销售转化，吸引粉丝，沉淀用户。

在这种应用场景中，微博文案的创作公式一：产品特点、价格+引流入口+产品详解+使用场景，如微博“种草”宣传的十二生肖哆啦A梦玩具套餐。

十二生肖哆啦A梦上演人间真实过年实录！（产品特点）

咱就是说，这么可爱的哆啦A梦，确定不带一个回家么？

K记玩具套餐才39元!有吃有玩太快乐了叭。（强调价格）

还有十二生肖专属的头像小帽子等你戴起来!

点击#12生肖版哆啦A梦#进入话题页（引流入口）

选择自己喜欢的生肖，并发布微博，就能get生肖小帽子哦!”

微博文案的创作公式二：种草标题+引导文案+实用分享，如买买买少女酱在微博上宣传的抗老A醇晚霜，“1瓶淡纹紧致、抗氧化 堪称抗老天花板！教科书级抗初老，第三方权威认证真实有效，快冲~”

4.生活记录应用场景博文创作

截至2021年6月，微博月活跃用户中超过75%属于Z世代，微博平台用户年轻化趋势明显。Z世代用户对新话题、新互动、新玩法的关注度和参与度高，乐意贡献新内容，并且不吝惜点赞、分享或留言评论。

在这种应用场景中，微博文案的创作公式一般为：生活故事分享+配图；简单句子+精美图片。

介绍完了微博的基本内容创作，我们再来介绍一下小红书。相较于微博，小红书通过搜索、对比需求品类产品，如合集推荐、测评类笔记通过多产品、多维度的信息对比，帮助消费者高效决策；分享类、攻略类笔记则通过搭建垂直深度的消费场景，以润物细无声的方式“种草”好物。它的“种草”表达逻辑是：“种草”平台的三要素在于人、场景，以及表达形式，而后信任感决定了“种草”的转化能力和有效性，掌握了这一条技巧，几乎就能搞定大部分小红书图文内容创作。人呢，一般来说可以选取某一领域拥有专业或者真实经验的人，比如明星、KOL或者KOC，通过人物的引导，让用户感觉自己也能够成为这样的人。场景的话，通过笔记展现人物的生活方式，比如美食或者旅游，激发用户的效仿。最后，在表达形式上，可通过图文形式的攻略分享，来为产品“种草”。

例如小红书上种草LA MER浓缩眼霜的一则笔记[①]：

细纹、松弛、黑眼圈，一天比一天严重，看看镜子都发愁。

眼周问题难解决，现在越来越多的人都在考虑吧！

……

我这次做的Fotona4D，就是朝着眼周淡纹提拉紧致去的，

所以后续的眼霜我也会选择淡纹抗老高手！

一直信赖的就是LA MER的浓缩眼霜

3倍浓缩神奇活性精粹

多肽淡纹矩阵

……

现在眼周一直都是零纹路的状态，

眼周也是很饱满细嫩，就冲着这个淡纹抗老效果，

①小红书．跟风眼部抗老？日常养护千万别松懈[EB/OL].https://www.xiaohongshu.com/discovery/item/62596d080000000001024351

真的怒囤一万年！

说完了微博和小红书，我们再来说朋友圈文案。朋友圈文案与微博、小红书传递有用信息的方式都不同，它是采用推荐的方式，站在好朋友的角度推荐给好友。

第一种创作公式：自身体验收获+强力结论+推荐。

例如：春天我比较喜欢吃枇杷，不过平常卖的枇杷不仅粒小，核大，而且没有什么味道，直到我尝到了云南五星枇杷，皮薄肉厚，香甜味浓，美味多汁。（自身体验收获）

这样香甜的枇杷我还是第一次吃到，才知道原来枇杷也这么好吃。（强力结论）

如果你也想尝到与平时吃到的不一样的枇杷，强烈推荐你试试云南五星枇杷。（推荐）

第二种创作公式：产品+获得好处+赢得信任+价值塑造+解除抗拒+引导行动。

例如：完美日记打造的“小完子”朋友圈文案就是这个套路，它的文风是这样的：

十六色眼影、黑白眼膜、卡通面膜、定净喷雾，统统第2件1元，粉嫩少女七件套刷立减149元！19：00—20：00限时福利秒杀，这次别再说你错过啦。

（二）戳中爽点，让用户产生满足感

爽点能给人带来一种愉悦的感觉，如在微博上看到一条有趣的文案，你转发到朋友圈收到很多个赞，会让你感到兴奋，产生一种满足感。说得通俗点，就是内容要具有娱乐性。如何制造有娱乐性的内容呢？我们可以向有娱乐精神的大咖学习他们的语言特色。

比如，罗永浩一直都是一个备受争议的人设，他的金句“彪悍的人生不需要解释”流传甚广，极具特色的语言风格，让其在社交平台上的言行引起人们的极大好奇。像罗永浩在微博上的这段话就具有鲜明的“罗氏风格”：“我不相信元宇宙会成为未来（游戏只是游戏）……不过这不重要，我对未来的判断经常都是错的。”读完让人忍不住想嘴角上扬。

除了和富有娱乐精神的大咖学习外，新媒体的内容生产者在生活中也要做个有心人，要善于从平常小事中挖掘亮点，积累素材，将它们应用于内容创作中。

（三）求新求变，逆袭翻盘

“改变”是人类永恒的课题，“成为更好的自己”是大众的共同需求。所以，体现求新求变的内容，如“穷小子逆袭总裁”“土气变洋气”等，都是以“改变自己，成为更好的你”为表达核心，让大家看清楚前后改变的过程，自然会引起大众的兴趣。

（四）抛出热词、热点，营销发声

互联网时代的很多热词都是“梗”“段子”，这些传递社交情绪的内容，恰恰是品牌抢占用户时间、注意力的利器，在微博、小红书、朋友圈的场域中不断被“放大”，被“看见”。通过接梗、造梗、玩梗等多元化输出，品牌快速吸引用户的注意力，可以让用户以最轻快的方式，最大限度地参与到品牌的塑造过程中，让品牌塑造达到从简单粗暴的“流量强攻”到全民共振的“双向奔赴”。

比如，“伐木累”，是英语family的音译，指的是家人，这个词经常用来形容团队关系融洽，如“站起来，不要哭，我们是伐木累，你有难关大家帮你度过！”有时候也用于提醒朋友学好英语，不要出现笑话。

又如，“逆袭”是网络用语中较励志的一个词，蕴含不屈不挠终获出头之日的意思，可以用于品牌“出圈”，适时用于微博、小红书和朋友圈文案的品牌宣传创作文案，以增加阅读的趣味性。

热点方面，微博、小红书和朋友圈文案都可以联系当天的热点内容，进行营销发声，如IDo官方微博在2022冬奥会首金诞生时发的文案：“祝贺！一同见证！#IDo就是我愿意#”。

需要注意的是，结合热点要注意时效性。一般一条热门博文，通常可以维持四天左右的话题热度；小红书和朋友圈文案的热点文也有时效性。所以，如果想通过结合热门话题的方式去增加曝光，就要注意时间节点。

除此之外，微博发送博文、小红书发布笔记、朋友圈发文案后，都要注意保持与用户的互动，如回复评论等，以增强用户黏性。

总的来说，进行微博、小红书、朋友圈文案的内容创作需要注意以下几点。首先，需要清楚自己的定位、人设内容，在这个基础上保证持续稳定地进行内容输出；其次，在不偏离基础赛道的前提下，保证较高的活跃度，可以是蹭热点发动态，也可以就热点话题与用户讨论，互动交流；最后，打造微博、小红书、朋友圈文案的爆款内容，都需要时间的加持和长久的内容输出，不要渴望一夜爆红。这样的机会虽然存在，但幸运儿并不多。所以，要有打长久战的准备，每一篇文章都要精心准备，让用户觉得有用，给用户带来价值。

三、新媒体短图文配图排版

（一）图文排版工具

微博的图文排版工具，常见的网页工具有：新浪官方长微博工具、

135编辑器；移动端工具有：锤子便签、Zine、Weico（一个微博客户端）、Mori（手账软件）等。

小红书创作工具主要有七类：编辑/贴纸、滤镜/美化、标签、音乐、模板、字幕/文本和一键成片。编辑工具自身的调性提高了图文的展现质量，有助于创作者快速输出高颜值、高质量的图文及视频内容。

朋友圈文案的排版，可以点击微信页面下方的“发现”，点击页面中的“搜一搜”，搜索栏处输入“文字物语”，出现“文字物语”小程序，点击进入，这里有很多各种各样的文字排版特效，可以根据自己的喜好自行添加。

（二）图片使用

微博、小红书、朋友圈文案中使用的图片，要注意按照平台要求，选择尺寸合适、画质清晰且无版权的图片。特别是小红书，作为一个种草社区，要更加注意图片细节，封面图的颜色要新颖一点，可以参考小红书中关键词排名靠前的、热度比较高的图片风格。注意图片要能展示你的品牌或者产品功能的特性。

总的来说，一则好的微博博文、小红书笔记、朋友圈文案，文字中描述的产品，能让你想起你的家人、亲人、爱人、朋友、同事等人的需求。所以，新媒体内容生产者在创作时，需要问一下自己：文章的用户群体是否明确，即能不能让你想起某个具体的消费人群，想起他们的样貌轮廓甚至是名字；卖点是否明确，即是否吸引用户，是否清楚地描述使用价值和预期价值；品牌是否可以引发联想，即与某个情境是否有联想，与某些文字是否有关联。这些问题都了然于心，创作时才能成竹在胸。

链接：新媒体的数字化传播，使传播者很快就能接收到受众的反馈，互动的结果就是使微博、小红书、朋友圈文案等新媒体语言更“接地气”，多使用口语、方言。而且，由于新媒体消解了传统媒体权威正经的话语体系，在语言表述上更富有娱乐性，多使用幽默、戏谑的语言方式。再加上新媒体时代碎片化阅读场景及新媒体平台对字数的限制，导致新媒体语言都比较简短。另外，随着互联网上新的事物不断出现，新观念不断产生，催生了许多新词新语，极大地丰富了新媒体语言。

第二节　新媒体长图文创作：微信公众号、知乎、漫画长图文

长图文类型是新媒体运营中较为常见的类型，也是传统的内容表达形式，是较长的、可持续讲解某种故事和某种内容的图文结合模式的内容表达。

它的主要优势体现在三个方面：图文融为一体，整体性强；相辅相成，内容更加生动形象；信息呈现更简洁，让读者一目了然。所以，长图文能促使新媒体平台获得更多关注，吸引更多粉丝。

新媒体常见的长图文创作较引人关注的有微信公众号推文、知乎文章和漫画长图文。下面我们就来谈一谈它们的创作方法。

一、新媒体长图文标题制作

一个有传播性的标题才能吸引读者点击。正如奥美创始人大卫·奥格威的经典名言：“如果你的标题没有吸引到受众的目光，相当于浪费了80%的广告费。对于做内容的人而言，你就浪费了80%的精力和时间。”

所以，一个有传播性的标题既要能打动人心，又要有价值。关于长图文的标题制作技巧，如下思路可提供借鉴。

（一）好的文章标题绝大多数是口语化的

新媒体的内容生产者要明白好的标题是同用户交流，在传播信息时，可以把受众当成自己的亲朋好友，当你突然知道了某件大事，很想告诉他们，你随口说的句子就是最好的标题。

比如，曾经的自媒体人咪蒙制作的一系列阅读量较高的微信公众号推文标题都很口语化，像《致贱人：我为什么要帮你?》《我为什么辞掉稳定的工作?》《太阳的后裔：我喜欢这种势均力敌的爱情》《职场不相信眼泪，要哭回家哭》等，都一度刷爆朋友圈，阅读量轻松破百万。

知乎上的文章标题的一大显著特征也是口语化，如《如何长时间高效学习?》《一个人心理成熟的具体表现都有哪些?》等，都是用简洁的语言传达出有效的信息，让用户一看就懂。

漫画长图文的代表“混知”公众号的标题也很口语化，如《一喝就醉? 那是你没挑对酒》《一分钟看懂传销!》等，都言简意赅。可见，口语化的标题具有普适性，因为它易于用户理解，提升沟通交流效果。

（二）提出疑问，引发用户好奇心

疑问式的标题比较容易激发用户打开文章一探究竟的心理。写疑问式标题时，要注意两点：一是使用“什么样”“哪些”“如何”等表示疑问的词语；二是尽可能让疑问具象化，以引起用户注意。

比如，《疫情反复之下，如何才能让居民买到菜?》《什么是渣男模式和舔狗模式?》《宠物经济，为什么是一条好赛道?》等，都属于此类。

（三）制造悬念，激发用户继续了解

这种悬念式的标题通常是在前半句话先铺垫一个能引起用户兴趣的话题，但有意不说明白，在后半句用“秘密在于”“都是因为”及省略号等来激发用户点击打开文章一探究竟。

比如，《好意总是落空？只懂这样聊天，难怪你没人爱》《内卷不可怕，可怕的是……》《善良的人容易抑郁？4大抑郁症谎言，你知道几个》等，都属于制造悬念的标题。

（四）读透全文+注入情感，让标题“活起来”

读透全文是拟定好标题的基础，我们都知道“书读百遍，其义自现”的道理，读透全文就能完全把握文章要义，在这个基础上再来拟标题就比较得心应手。

做标题既要用心，也要用情。其中，“用心”就是全身心投入，尽最大努力做好标题；“用情”就是像对待自己的子女一样来对待标题，y真心诚意，打动读者。

比如，结合热点事件凸显人文关怀，像在泰坦尼克号沉没纪念日发送的《记住这艘船，记住人类永恒的美德》，歌颂了舍己救人的人类美德，加上这一历史事件悲壮的感情基调，让人们在伤感中看到希望。

又如，以重大的历史事件为由头，用“历史上的今天”引起读者注意，用文艺式的抒情来感染读者，如在汶川地震纪念日发文《一转眼，整整9年过去了……》，在国家公祭日推出《南京大屠杀为什么和你有关系!》，这都是可圈可点的情感充沛的好标题。

（五）借鉴“知乎体”，引发好奇心

“知乎”是有名的知识问答平台，“知乎体”最大的魅力就在于让读者追问“为什么”。比如，读者看到“为什么边打手机边充电，手机会爆？”这样的标题，是不是会产生疑问，想知道背后的原因，这就是“知乎体”吸引读者的原因所在。

（六）借势“热门体”，蹭蹭热度

借势热门事件，提高话题度，这是我们在选题中一直强调的，在长图文中依然适用。例如：2022冬奥会的吉祥物冰墩墩一度卖脱销了，各大媒体纷纷报道，虽然是同一件事，但每一篇文章用不同的标题，依然有很高的阅读量。这就是热点事件自带流量造成的。关于寻找“热门体”，利用我们在前面介绍过的一些数据分析工具，如百度指数、微博热搜等，都可以搜寻到一些热门事件。

（七）妙用“修辞体”，吸引眼球

这里有三种修辞方法供借鉴：对比、夸张、排比。

第一，对比，将差异明显、相对立的事物安排在一起，造成一种强烈的反差。比如，《你用微信聊天抢红包，他用微信选牛股年入百万》，对比强烈，让读者产生一探究竟的兴趣。

第二，夸张，是一种对事物的形象、特征、作用、程度等方面着意夸大或缩小的修辞方式。比如，现在炒股的人比较多，股民都很关注股市的走向，微信公众号平台用《刚刚核武器重启，股市颤抖》的标题来传达股市讯息，一语双关，每一个字都牵扯着股民的心。

第三，排比，排比句有节奏感，读起来朗朗上口，有一股强大的气

势，能增强文章的表达效果。比如，微信公众号的一篇标题为《站着的霍金，18岁的希拉里，清纯的本拉登，这是朋友圈里……》的文章，阅读量在一天时间内就达到了6万。

（八）用数字，准确生动

疫情暴发时，用数据来表达关于疫情的信息，如《武汉疫情亲历：42个小时，2300公里的12吨84消毒液接收之路》，既能直观地反映问题，又给读者以丰富的联想。

（九）直接引语，增强新闻的现场性和真实感

直接引用别人的原话，如《“14亿多中国人拧成一股绳，在中国特色社会主义道路上锲而不舍走下去”——习近平总书记考察河北承德纪实》的标题，就是引用2021年8月23日至24日，习总书记在河北省承德市塞罕坝机械林场月亮山考察时所说的原话。这句话生动展现了全面建设社会主义现代化国家的美好图景，富有感染力。

（十）利用前缀和后缀

微信公众号平台、知乎上有很多加前缀和后缀的标题，如《权威发布|北京大学公布2021年考研复试分数线》《真正成熟的职场人，都有这6种成熟的思维方式（职场人必看）》《为什么你年初立下的目标总是完成不了？|周末推书》等，这种方式让标题更有说服力，吸引用户点击。

（十一）制造稀缺感，提供独家价值

如果你发布的内容属实，具有一定的权威性，且是在别处无法获取的、独家的，可以采取这种标题。这类标题在微信公众号平台、知乎上

很常见。

比如，《腾讯内部推广人员亲述：QQ阅读4.6亿用户的产品推广思路》《张小龙首次公开演讲（官方无删减版）》《网易内部资料：教你最专业的用户调研和需求分析方法》等，都是属于独家的内部消息。

（十二）提供免费活动，强调省钱和折扣

这类消息常常通过优惠活动吸引用户注意，在商业推广类的微信公众号平台上很常见。

如《1折薅羊毛！重磅POLO情侣纯棉卫衣，恒温锁热37℃，穿上帅炸天！》《3折抢Dior圣诞限定款口红小样套装，保税仓直发，假一赔十！一抹瞬间气质升级！》等都重点强调了折扣。

（十三）创造代入感，引起共鸣

这类标题通常让用户感觉在说与自己有关的事，如《夜思|为什么我不建议你嫁给爱情》《妈，内裤袜子丢进洗衣机比手洗好！》《别以为你毕业了，日子就好了》等，在微信公众号平台、知乎、混知上都很常见。

（十四）讲故事，描述一段过程

讲故事的写作方法很适合用于写人，可以在标题中嵌入数字和数据，让用户产生一种探索的欲望，想知道到底发生了什么事，就会点击标题来阅读正文。这类标题在微信公众号平台、知乎上很常见。

比如，《从拖拉机手到身家170亿，她说：创业是艰苦的，要有阳光的心态，才能战胜困难，走向成功》《16岁学做菜，如今掌舵中国最大的直营中式快餐集团，她说：我是天生的乐观者，脚踏实地才是最重要的》《13家企业破产重整，这个“首富”太难了！》等标题都体现了主人公跌

宕起伏的人生经历，能吸人眼球。

（十五）提供实用性文案

这类标题对用户最大的吸引力，就是有可能帮他解决生活中的实际问题。比如，《如何在工作压力超大的情况下，提高睡眠质量?》《内心强大的孩子，背后都站着这样的父母》《想变成行走的百科全书？这里有个捷径!》等，提供的信息，对用户的生活具有实际帮助。这类标题在微信公众号平台、知乎、混知上都很常见。

以上就是长图文标题的常用套路，除了这些，新媒体内容生产者还可以在工作和生活中积累，看到好的文章标题就摘抄下来，时间长了，就形成了自己的标题库，想用的时候随时可以调出来用，会极大地提高工作效率。

二、新媒体长图文正文创作

长图文一般内容都比较长，需要读者有耐心地读完，所以文章开头的第一句很重要，它的作用是破冰，如果运用得好，会吸引用户往下阅读，反之，如果第一句话就不能打动用户，可能他会就此停止阅读。

如何写好开头，有如下方法，可提供借鉴：

（1）故事型开头，故事型开头的文章会直接把与正文内容相关的要素融入故事，让读者有兴趣读下去。如“每日人物”公众号里的《28岁的字节工程师离世在冬夜》的开头：三年前的夏天，吴伟研究生毕业，安新和师哥们去学校周边的一个酒店聚餐，大家都喝了点酒，醉醺醺地互相庆贺，一个师哥说：“祝福大家前途光明!”但不管是光明的前途，还是有更多可能性的人生，都终结在这个冬夜。

（2）简洁型开头，如果标题已经写得很明白，开头可以一笔带过，用一句话点题即可。如“正午故事”公众号里的《他们是如何戒断手机，远离屏幕的》开头：我要一定程度地远离手机！这个想法是从春节开始的。

(3) 思考型开头，思考型开头通常以问句的形式，引导读者带着问题阅读后文。如“混知”公众号里《今晚还熬夜？等着老年痴呆呢?》的开头：还熬夜？不怕老年痴呆啊！虽然今天是世界睡眠日，但你是不是……还准备熬夜呐?

(4) 金句型开头，在文章开头放入发人深思的金句，可以直击人心，吸引读者的眼球。如“新周刊”公众号里的《真正的自律，是为自己的人生负责》的开头：在这个世上，自律是他人无法帮你的事。

(5) 共鸣式开头，渲染一个读者共有的情绪，唤起强烈共鸣。如“视觉志”公众号里的《玉兔精，也跳起了广场舞》的开头：上一次看到玉兔精，还是在上一次看《西游记》的时候……万万没想到的是，当年那个让我惊为天人的玉兔精，现在竟然成了大妈。这篇文章先是用怀旧的经典电视剧引起人们情绪上的波澜，接着一个反转，不禁让人产生“岁月不饶人”的共鸣，同时引发了人的好奇心，想看个究竟。

(6) 冲突式开头，冲突、巨大反差、颠覆大众固有认知的观点或事件，让读者好奇，想知道原因。如“拾遗”公众号里的《上海女子跳楼：有些高尚比堕落还要坏》开头：上海女子跳楼这事，很多人应该都听说了，我想再聊聊此事。这起“好事变坏事”的事件，值得所有人反思。

(7) 场景式开头，描述一个大量读者共同经历过的场景，好的场景让人向往；而不好的场景就直戳痛点。如“拾遗”公众号里的《2019年的那个春天，你在干什么?》的开头：被疫情偷走的三年。

(8) 悬念式开头，在开头故意卖关子，或直接抛出问题，引起读者兴趣。如“看客inSight”公众号里《你的洗发水太伤头皮了!这10款闭眼买》的开头：有部分开架洗发水的配方，概念太老，成分也都很差。它们主打的清洁剂都是去脂力强、刺激性比较大的SLES或SLS表活。像这类表活的产品，长期使用，尤其是高频率用都会有伤害皮肤屏障的风险，这些信息大家在网上都可以搜到很多。

（9）借势式开头，热点、热搜、知乎高赞上有吸引力的内容都是被广大读者验证过的，开头可以借势。如“哔哩哔哩”公众号里的《陈睿回复雷军：bilibili是谁，bilibili为什么而奋斗》的开头：今天看了雷总的公开信《小米是谁，小米为什么而奋斗》，我看到的是一名创业者的理想，以及做一家“感动人心”的公司的坚持。

（10）可用反问叠加重点事件、关键数据、话题点等吸睛要素增加标题的吸引力。如《亲，请帮我砍一刀？你所谓的朋友，正在偷走你时间》。

（11）抓住核心点，用简洁的语言把事情说清。如“315晚会曝光完整名单来了！”

（12）情感、鸡汤类的账号可以用对话体增加代入感。如“职场女性的天花板，从有人叫你妈开始？”

（13）打破常规认知，用反常识内容吸引用户。如“喵星人跳楼‘越高就越安全’？它们被这条‘反常识的常识’害惨了”。

（14）设悬念，摆数字，增加利益点。如“同样爱吃米饭，为什么中国人比日本人更易得糖尿病？医生说出答案”。

综上所述，新媒体长图文的开头设计，目的只有一个，就是让读者情不自禁地想接着读下去。所以，新媒体内容生产者要重视正文第一句的写作，起好头，为全文打下一个好基础。

三、新媒体长图文正文结构搭建

新媒体长图文的字数一般都较多，为了让用户进行有效阅读，行文的逻辑一定要很清晰，所以，对文章的结构会有所要求。常见的结构有如下几种。

（一）总分式结构

这种结构是先提出论点，然后分若干论点阐述、证明亮出的观点。

例如：“自卑”“自负”“自强”是人们的三种心态。“自卑”是轻视自己，认为自己不如别人；“自负”是自以为了不起；“自强”则是在任何困难面前，都不会低头，永远努力向上。（总）

自卑者，不能充分地认识自己……（分）

自负者，唯我独尊……（分）

自强者，不卑不亢……（分）

（二）分总式结构

先不提出论点，分若干分论点进行论证，最后进行归纳，得出结论。

例如：当早晨起来第一件事就是拿起枕边的手机浏览消息，顾不上洗漱？当中午在单位吃午饭时，边吃边看手机屏幕，甚至来不及回答同事的问话？当晚上下班回家，连家人的脸都来不及认真看一下，就又掏出手机，看是不是遗漏了什么信息？（分）

常识告诉我们：当手机占据了我们一天除了睡觉的每分每秒时，这就是不正常的，说明我们的生活已经被这种通信工具绑架了。（总）

（三）总分总式结构

开头提出论点，中间是若干分论点，结尾总括论点（或重申论点，或总结引申）。

例如：成功与努力并不是成正比的关系（总），因为盲目的努力是没有用的，每个人在生活中都很努力，但是并不是每个人都能成功（分），所以，想成功要用心，而不是假装努力（总）。

（四）并列式结构

并列式结构的文章一般由 3 个以上相互无联系的部分组成，通过不同视角或案例讲述同一个观点。

例如，洞见公众号里的一篇文章《丰富自己的4个好习惯，请逼自己养成》采用主题并列的形式：

迷茫时读书

难过时运动

低谷时沉默

独处时自省

这种结构方式，与用户有“交谈对话感”，像跟亲戚朋友、同事同学讲话一样，能够拉近双方距离。

四、新媒体长图文行文设计

微信公众平台、知乎、混知上更容易获得用户喜爱的内容，往往是具有一定的专业知识门槛，同时又适合大众阅读和传播，能够拓展读者、用户的兴趣和视野，可以帮助人们发现更大的世界，阅读轻松、让读者有收获的内容。

（一）知识+自我提升/解释+自我代入

第一种，在有干货输出的前提下，选择跟用户的经历、环境、成长等相关的内容，帮助用户实现自我提升和自我实现，如关于提高情商的方法，不用“内卷”也能成事的技巧等主题的内容。

第二种，关注用户的想法和感受，如用户的情感问题、亲密关系等主题的内容；与用户进行共情，如分手后忍不住联系前任怎么办？家庭教育对个人成长的影响等主题的内容。

（二）猎奇性的内容

第一种，好奇心是用户趣味的来源，一些未侦破的奇案，如朱令的铊中毒案等，用户在猎奇的同时会对她的遭遇产生同情心，从而激发阅读兴趣。

第二种，建立自己的选题库，将自己专业领域里关注度比较高的内容放进去，也可以借助百度指数搜索，或将一些热点网站的高排名内容，储存在选题库中。

（三）社会热点类或话题性强的内容

第一种，就像我们说的能够引起人们广泛关注的内容，媒体娱乐、社会民生、政治军事、朋友圈实时热点等都可以作为文章内容的来源，如冬奥会、俄乌冲突、朴槿惠出狱等主题的内容。

第二种，热点内容的创作要注意时效性，一般在两天之内生产的内容红利更强；同时，热点内容的创作要建立在翔实的资料基础上，还要保证有自己独特的观点输出，才能吸引平台用户的注意。

（四）产出主题明确、有深度可信赖的内容

第一种，主题明确。图文相关，针对某一主题提出明确的观点、清晰的分析思路等。例如：“什么叫穷人思维？”其实，使穷人无法摆脱贫穷的罪魁祸首，是难以攻克的另一种东西——信息不对称。

干货类的内容用趣味性的表达方式来呈现，能使之更具吸引力。例如：“详解神舟十三号的返回舱降落伞——不要小看伞绳的材料，别看它是一根细绳，就能承重300公斤，神舟飞船的返回舱3吨多重，近百根伞绳‘拉住’返回舱，可以说是举重若轻，安全无比，这顶大伞是不能一下子全部打开的，否则伞会被空气崩破，返回舱也会随之被摔烂。”

第二种，有深度可信赖。图文丰富，有观点论据，深度解析；引用客观、来源可信的数据、案例、报道作为观点支撑，并提供资料出处，方便读者延展阅读。

例如：“211饮食法：2拳头蔬菜（一半绿色，一半彩虹色），1拳头高蛋白质食物（肉鱼蛋奶豆），1拳头主食，这样就能大体保证7大营养素的均衡摄入。”

（五）在内容中加入实时热梗，有梗有趣味

前面我们已经说过“梗”对于新媒体平台内容传播的意义。它是抢占用户注意力的一个极好的工具。

比如，知乎十周年特别企划总结的“十大知乎梗”，其中“谢邀”是知乎众多梗之中，最为出圈的一句，一般用于被邀请用户回答的开篇——随着知乎内部邀请回答机制的普及，用户在回答问题之前往往会先说一声“谢邀”。久而久之，“谢邀”这两个字成为知乎的专属词汇。而“人在某地，刚下飞机”这一说，则是在谢邀之后的场景延伸，和

“谢邀”一起，组成了完整的“谢邀体”。

（六）内容以漫画配文形式呈现，消解纯文字阅读的艰涩感

“混知”公众号文章就是用漫画作为内容的主要表现形式，一方面可以让阅读变得更加轻松，另一方面用图画形式更容易让用户理解复杂的知识。漫画元素可以说在“混知”的内容呈现上起到了不容小觑的作用。尤其是“混知”的漫画自成一派，他笔下的漫画人物形象大多丑陋、“萌贱”，符合部分现代人审“丑”的心理特点。比如，倾国倾城的杨贵妃在漫画里变成了肥胖的丑妇，唐玄宗成了一副流氓模样。

（七）语言诙谐、幽默，穿插一些流行的段子和时髦的网络用语，增强阅读趣味性

比如，“混知”上的《丢人！别再说冰壶就是擦地板了！》用幽默的语言风格普及冰壶知识：“这项运动，不光在冬奥赛场上战况激烈，民间选手们在家里也没少折腾……为啥拖地也能变成奥运项目？”让人读了忍俊不禁。

另外，新媒体内容生产者在写正文时需要注意不要触碰雷区。拒绝内容低俗、不违规，切勿不规范转载，如在知乎中引用或转载超过42字（包含标点）的内容时，必须标注原作者姓名、原出处、原文链接，建议使用引用格式，否则会被视为违规内容。

五、新媒体长图文结尾设计

（一）结尾融入场景

这种结尾设计在微信公众号文章中应用较多，新媒体内容生产者需要根据公众号的调性，截取合适的场景——最好是读者生活中的画面。

例如：关于家庭生活类的微信公众号文章，可以描述一家人幸福地在一起的场景——“一直以来，我都想要一个家。看着父母安享晚年，妻子心满意足，孩子茁壮成长……我觉得，他们过得高兴就是我的幸福。”

（二）以金句结尾

在结尾埋下金句，可以帮助读者悟出文章的主题思想，引发共鸣。

例如：情感类的文章结尾用“爱对了是爱情，爱错了是青春”等金句升华，用富有哲理的句子总结全文，给用户留下想象和思考的空间。

（三）以提问结尾

提问可以引导用户思考，后续增加与用户的互动，提升用户的参与感。

例如：在文章结尾处抛出类似“一个人到底会被什么真正打动？”“人间到底值不值得？”等灵魂终极追问，来升华文章主题。

（四）神转折结尾

用“无厘头”的逻辑思维，造成一种强烈的反差感，让用户读起来感到有趣。

例如：在结尾处不按常理出牌——“妈，我回来了，今年又没赚到钱，我一无所有……”“孩子，你并不是一无所有，你还有脸回家。”

文章写完之后，还要全文通读一遍，保证主题立意明确、逻辑连贯、语句通顺。只有不断地打磨文稿，才能为用户提供优质内容，达到推广的目的。

总之，“纸上得来终觉浅，绝知此事要躬行”，新媒体内容生产者除了掌握以上的内容写作技巧外，更重要的是平时在实践中多学习，眼到、耳到、心到、手到，用文字与读者建立“强连接”，才能写出成功的爆款文章。

六、新媒体长图文排版配图

新媒体长图文里都少不了配图，这是为了增强表达效果。但是，配图时，需要注意以下几点：

（一）配图与内容主题要相关

无论是文字还是图片，都是为文章主题服务的，新媒体文章配图不能想用什么就用什么，要优先选择与内容有联系、能够帮助用户理解文章内容的图片。

（二）配图高清优质无版权问题

获得高清优质无版权问题的图片，一是可以直接购买一些图片素材网站，如全景网、视觉中国等网页上的图片；二是可以在网上寻找免费的图片。以下几个高清优质且无版权问题的图片网站可以尝试使用：Unsplash，Pixabay，PEXELS，StockSnap，Visualhunt，Gratisography。

（三）配图需添加注释性文字

为帮助用户更好地理解图文之间的联系，需要为配图添加注释性文字，可以是图片的来源说明，也可以是图片信息的介绍。

（四）配图与上下文间距一致

在公众号排版工作里，留白是一个很通用的技巧。配图与上下文间距保持一致，可以让整篇图文显得整洁、协调。常见的排版工具有：秀米编辑器、135编辑器、i排版、易点编辑器等。

（五）配图尺寸大小尽量保持一致

大小尺寸不一的配图，会让整篇图文显得杂乱，不整洁。因此，建议尽量使用大小尺寸相同或接近的图片作为配图。

（六）配图酌情添加特殊样式

有时，一些公众号文章需要同时用到多张图片。为了避免篇幅过长，此时可以为公众号配图添加“图片滑动”样式，这样，在一个图片大小的区域里可以展示多张图片。

“图片滑动”样式分为左右滑动、上下滑动两种，这在135编辑器、i排版编辑器等排版工具里都可以找到。

（七）配图酌情添加品牌标识

添加品牌标识（Logo），是微信公众号封面和头图经常使用的设计方法。配图的排版设计较少采用。但随着知名公众号开始尝试使用这种方式设计配图、提高品牌辨识度，相信不久的未来，这种配图方式会得到普及。

（八）配图用美图秀秀进行处理

美图秀秀是一款面向大众的多功能型图片处理软件，为图片提供修图、拼图、加边框、搭配饰品等多种美化手段，帮助编辑轻松制作出专业级水准的图片效果。学会美图秀秀的使用技能，能够为配图增添助力。

七、新媒体长图文的粉丝互动

粉丝互动是新媒体内容创作的重要组成部分，好的粉丝互动体现账号主体的情商、价值观、语言特色和个人魅力。“混知”粉丝数量巨大，得益于新媒体内容生产者与粉丝的有效互动和交流。

“混子曰”（混知公众号的前身）与粉丝互动方式主要有以下几种：

（1）精选评论，并以其惯有的幽默、风趣的语调进行回复展示，这种互动形式深受粉丝的喜欢，能够激发粉丝更多的关注。例如：粉丝在一篇文章后回复“补钙，建议生吃100%钙含量的钙单质”，作者回复“就差嚼石灰了。”

（2）通过送福利等形式来提升粉丝参与度，如推送漫画教学特辑等方式大大刺激了粉丝的参与热情。

（3）通过发送个人创作及日常行踪汇报等，满足粉丝的好奇心，增加粉丝对公众号的忠诚度，真正利用粉丝效应达到营销公众号的目的。

“混子曰”的成功之道给其他公众号带来的启示是优质微信公众号的运营不是简单的整理和推送，而是要赢得用户，运营者只有对用户有深入的了解，从用户的需求和习惯出发，才能为用户提供高质量、有价值的内容信息服务。

新媒体内容的创作完成，还有一个必不可少的改稿环节，这对于长图文文章来说意义重大，具体可以从以下几个方面进行：首先，确定文章的各个部分有没有跑题，是否与最初的写作目标相符；其次，在结构方面，要思考各个小节之间逻辑是否有关联，是否通畅；再次，审视图片等内容素材是否与主题立意相关，有没有更好的可以替代；最后，各个段落间逻辑是否贯通，句子能否缩得更短，用词是否准确、清晰等，这些都要一一考虑。只有文章整体达到主题突出，字通句顺，才能够使用户获得良好的阅读体验。

链接： 新媒体图文创作是新媒体内容创作中非常重要的组成部分，也是最基础的组成部分，是其他一切新媒体内容创作的核心和基础。掌握新媒体图文创作的基本技巧与方法，不仅能够让我们在创作新媒体作品时更加游刃有余，也能够帮助我们分析鉴别平台上的新媒体作品爆火的原因，从而加以借鉴，为创作更多的爆款新媒体图文打下基础。

第四章

新媒体音频内容创作："好声音"唤起"耳朵经济"

在到处争夺注意力的互联网时代，音频因其"伴随性优势"而受青睐。行车途中、上下班路上等碎片化时间段，成为音频渗透的端口。可以说付费音频是当下互联网创业最火的风口之一。随着声音赛道涌进越来越多的竞争者，内容质量的竞争将成为在线音频平台比拼的关键。这就对新媒体音频内容创作提出了高要求，输出的内容要有料、有趣、有干货，能让听众获得足够的信息。只有真正制作出既有用户规模又有高黏性的音频内容，才能把握住音频市场的风口。

随着国内在线音频市场的不断成熟，以及文娱市场中的其他细分市场如影视、直播等的相互影响，为了满足更多用户的娱乐需求，目前已经衍生出播客、有声书、脱口秀等多个内容类型，以丰富的内容生态满足音频用户的学习、娱乐等各种需求。由于音频市场的变现空间（靠广告、打赏、会员费）有限，平台资源正向有声书、知识付费等类型倾斜。

音频按照时间长短可以分成短音频和长音频两大块。着眼于音频产业链的完整性和国内音频丰富的内容形态，我们将重点讲述如何制作短音频内容（音乐除外），如何制作有声书，以及撰写知识付费音频文稿。

第一节　短音频内容创作

短音频，顾名思义是时长较短且独立完整的音频节目。短音频的时长一般为2～10分钟。短音频有三个特征：首先是时间短，但逻辑完整，伴随性强，适合碎片化收听；其次是主题鲜明，内容优质，有情感爆点，符合个性化收听需求；最后是场景丰富，可进行基于场景的垂直细分。

短音频的内容融合了脱口秀、技能分享、幽默搞怪、时尚潮流、社会热点、街头采访、公益教育、广告创意、商业定制等主题。由于内容较短，可以单独成段，也可以成为系列栏目。短音频的核心精髓不仅仅是"短"，更在于"精"——精练、精致、精彩。

下面我们重点讲述一下生活中常见的6个类型的短音频节目制作，它们分别是知识分享类、娱乐类、脱口秀类、情感类、生活类、职场类的短音频节目。

一、知识分享类短音频节目制作

我们前面提到知识分享类音频节目的标杆是“得到”，它秉承罗振宇“贩卖知识”的理念，将有料、有趣的知识通过音频传递出来。“得到”上的音频选题内容涵盖社会心理、历史、教育、商业、科技等领域。

下面我们就以具有代表性的短音频节目——《得到头条》里的某个音频作为案例，分析一下它的内容结构和制作方法。

案例分析：徐玲的《小罐茶是怎么成为“爆品”的?》

(一)文章的内容结构

首先，抛出一个现象或结论：2022年西湖龙井春茶市场出现的一些急功近利的现象，如有的茶商为了抢占市场先机，打催生剂让春芽提前发芽等，伤害了西湖龙井的品牌形象，引出国内茶叶市场早就存在的一个普遍困境——由于信息不对称，不仅导致消费者根本搞不清茶叶里的门道，而且致使3000多亿元的茶叶市场多年来没冒出一个销售量在10亿元级的品牌。但是最近几年杀出了一匹超级黑马——小罐茶，创立仅两年它的年销售额就突破了20亿元。

然后，提出问题：“它到底做对了什么?”

接着，分析小罐茶崛起的原因——“产品是道，营销是术”，列举了小罐茶的创始人杜国楹打造爆款的逻辑——沿用之前打造的背背佳、好记星、E人E本等的路数，找到一个没有被发现的细分市场作为切入点。

最后进行总结：“产品是道，营销是术”，如背背佳解决的是孩子坐直的问题，好记星解决的是学生背单词记不住的问题，E人E本解决的是商务人群手写输入的问题，小罐茶解决的是茶叶市场信息不对称的问题，在一个没有价值共识的市场中创造价值共识，这就是小罐茶的“爆品秘诀"。

通过上面的分析，我们可以看出《得到头条》知识分享类音频内容文章的结构是：抛出一个现象/结论—提出为什么—分析原因（穿插例子进行详细说明）—总结观点。

(二)音频内容的显著特点

一是以开放式的问题作为标题，口语化，通俗易懂，如"小罐茶是怎么成为'爆品'的?"二是从正文开头就举例子、讲故事，如西湖龙井春茶市场的一些急功近利的现象，中间也穿插了很多例子，像背背佳、好记星、E人E本等爆款产品成功的原因，这些例子既真实又有说服力，让用户对话题始终保持兴趣，不容易疲倦分神；三是在例子后面加上一句"为什么"，像文中多次出现"为啥""做对了什么"等表示疑问的词语，有利于激起用户对后面内容的好奇心，让音频很顺利地过渡到接下来要表达的内容。

(三)《得到头条》音频内容对制作知识分享类短音频的启示

第一，做好节目定位，明白节目听众人群的定位，如初入职场的小白、互联网程序员、二次元少女等；

第二，获取优质内容的来源：根据自己音频的定位，可以选择合适的公众号转载（经公众号同意），如科普类的可以考虑果壳等，也可以选择个人原创；

第三，尽量以开放式的问题作为标题；

第四，内容结构：抛出一个现象/结论—提出为什么—分析原因（穿插例子进行详细说明）—总结观点；

第五，正文写作：多使用"为什么""首先，其次……""第一、第二……”等提问、总结归纳性词语，每个结论或现象配上简短、通俗易懂的例子，举例子时可以加入“我”“你”这样的人称代词，让听众感觉在和一个老朋友聊天，而不觉得是枯燥的课；

第六，注意声音抑扬顿挫，注意重点，防止听众昏昏欲睡，而且吐字清晰，提供良好的用户体验，还要注意节奏稳定，短音频一般只有几分钟，音频内容创作者要注意在有限的时间里输出完整的内容，不要在音频中出现忽快忽慢的节奏，导致用户的耳朵不适应，产生不好的用户体验。

二、娱乐类短音频节目制作

喜马拉雅里最火的娱乐节目之一《段子来了》，从2013年第一期节目上线至今，共推出近千期，总播放量已超106亿。

下面我们就以《段子来了》为例，来说明娱乐类短音频节目的内容结构和制作方法。

（一）封面特点

一是设置个性标签（娱乐、脱口秀、糗事、吐槽），这些标签既说明了节目的属性，又方便用户在关键字中搜索到；二是图片颜色醒目，而且设计得有意思有个性，可能在听众心中留下深刻的印象，吸引用户收听；三是用户可以在每期的封面里找到这期的背景音乐（BGM）和文字版链接，既满足了用户需求，又方便粉丝查找。

（二）标题特点

标题都很口语化，朗朗上口，如“人生经不起猎艳，爱情经不起考验”等；并且，标题很接地气，与生活紧密联系，如“十次相亲九次黄，难道都怪丈母娘”；标题还具有话题性，能够引发听众联想，如“学是不太想学了，想睡又不敢去睡”。

（三）内容特点

一是围绕最新的新闻，如“最近大家都在玩微信农场”，以此来开始轻松诙谐的段子；二是贴近生活，大都是生活中常见的，又与本期节目主题符合的内容；三是选取网友投稿中写得不错的段子，增强互动交流；四是背景音乐（BGM）多选取轻松欢快的音乐，调动气氛营造愉悦感，在搞笑的话题后插入“哈哈哈”的笑声保持气氛活跃，节目主持人以聊天的方式表达诙谐的内容，播放前在微信和微博上进行节目的预告和互动等。

上述《段子来了》音频内容在封面设计、标题制作、内容撷取、背景音乐的选择，与网友互动交流、节目推广等方面的操作，对我们如何制作娱乐类的短音频内容都提供了有益的借鉴。

三、脱口秀类短音频节目制作

我们以《每天听见吴晓波》短音频节目为例，来说明脱口秀类短音频节目的制作。

开场的口号（Slogan）：“每天听见吴晓波，大家好，我是吴晓波”，给音频打上个人标签，或是强调个人品牌，有助于听众识别作者的音频作品。

背景音乐：统一用紧凑的音乐开场至讲完开场口号，中间讲述的过程中一般不放背景音乐，以保证音质不受干扰，至讲完还有1分钟左右的音乐，根据这一期的主题或放上流行的歌曲旋律，或放上古筝音乐，给音频内容添加乐趣的同时，带动听众情绪。

主讲人高识别性的声音：吴晓波是浙江宁波人，普通话不标准，带有明显的江浙口音，但这也成了他的声音特色，具有高辨识度。

内容结构：“每天听见吴晓波”音频的内容结构为明确话题—明确观点—阐述观点（故事）—观众真实/预设反映—论证（解释原因）—再次表明观点，将枯燥的观点用有趣味的故事夹叙夹议地进行讲述，让听众不觉得枯燥。

《每天听见吴晓波》音频内容对我们制作知识分享类的短音频内容的启示是：向吴晓波学习开场白，设计属于自己的开场介绍语，一般不超过10个字，若为两段式开场白，最好押韵，好读又好记；根据音频内容主题选择背景音乐或音效，如趣味性内容可配合节奏欢快的音效，引起听众兴趣；主持人的声音不用千篇一律，可以展露自己真实的声音、声调，拥有个人特色；脱口秀类的音频内容，可以“采用观点+故事穿插”的方式来讲述，以夹叙夹议的方式进行，引起听者兴趣的同时也能明确地传达作者的观点。

四、情感类短音频节目制作

喜马拉雅里最火的情感节目之一——《两个人，一些事》，全网播放量超2.5亿，每期的播放量都有好几十万，甚至达到一百多万。

下面我们就以《两个人，一些事》为例，来说明情感类短音频节目的内容结构和制作方法：

选择的小故事虽然很平凡，但都能打动人心，以小见大，比如《你为什么总是受欺负》中，讲述了生活中太在乎别人的看法让自己身心俱疲的真实感受，能够唤起听众相似情形的回忆，形成情感上的共鸣。每期都会在结尾放上一首与主题相关的舒缓音乐，为节目营造温馨氛围的同时，也为用户打造沉浸感的体验。关注核心用户，节目中会提到打赏的小伙伴，感谢这些用户的支持，保持良好的互动。

《两个人，一些事》音频内容对我们制作知识分享类的短音频内容的启示是：注意营造氛围，情感类节目的调性要求主播用舒缓的语气，配上轻柔的背景音乐，来营造轻松温馨的节目氛围，让听众放松身心聆听；选择短小的情感故事进行讲述，可以选择阅读量较高的爆款文章，但需要原作者的授权；与粉丝保持良好的互动，如主播可以在节目中念出高质量的评论，予以回复，感谢他们的支持。

五、生活类短音频节目制作

生活类短音频主要是关于日常生活的分享，包括健身、时尚穿搭、生活用品的选择推荐等。

下面我们以喜马拉雅上的《禅与极简生活》为例，来说明生活类短音频节目的内容结构和制作方法。

（一）音频定位清晰：活到极致，绽放自己

日本生活美学家枡野俊明，以自己僧人的经历，写就禅意的生活智慧，帮助我们活得简单、丰盛、美好。

（二）主播声音很有力量，开场白简洁

《禅与极简生活》音频内容的结构为：生活现象（如"我们在不知不觉间就会在别人面前给自己装门面"）进入主题—提出问题（"你不好意思拒绝别人不合理的邀请，但真的乐在其中吗？"）—提出解决方法（"觉得不适合自己就果断拒绝"）—论证方法（由此及彼，由为了面子勉强花钱吃饭延伸到其他的事上）—结论（为自己而活，不要为了别

人的眼光而被迫改变自己的生活方式)。

(三)背景音乐:舒缓流畅的音乐,有利于为用户打造沉浸式体验

《禅与极简生活》音频内容对我们制作生活类短音频内容的启示是:第一,节目定位清晰,聚焦在某一生活领域,专注分享该领域的内容;第二,音频内容主播选择要符合整体音频主题调性,如跑步类的生活音频的主播要传达出一种健康阳光的声音等;第三,内容结构层层递进,开场白—提出问题引入主题—提出解决方法—论证方法—给出结论。需要注意的是生活类短视频的目的是为用户解答生活疑惑,要聚焦垂直单一领域,主题的选择很重要,最好是用户普遍存在的问题,如“胖一定是吃出来的吗?”主题覆盖的用户群越大,传播就越有利。

六、职场类短音频节目制作

2021年,字节有趣推出了《口才三绝 为人三会 修心三不》的升级版《格局|你的格局决定人生结局》,从战略角度出发,教会听友如何从认知、思维、人际关系、个人自律等方面,提升自己的眼界、胸怀、气魄、修养等优秀品质,实现人生的大智慧、大境界和大格局。在喜马拉雅上线首月,就取得了日平均点击量超10万的好成绩。可见职场类节目的受欢迎程度之高。

下面我们以喜马拉雅上的《口才三绝 为人三会 修心三不》,来说明职场类短音频节目的内容结构和制作方法。

(一)标题

主题清晰明了,直击人们现实中的痛点;有热点效应,以吸引用户

点击。比如，"如何远离无用社交：《离婚前规则》中那些酒肉朋友的启示"，标题就击中了很多人的痛点，融入《离婚前规则》热播剧的名字，也具有热点效应。

（二）开场白

一般包括口号和节目介绍、主播介绍（有的主播不进行自我介绍）。比如，《口才三绝 为人三会 修心三不》根据节目三个方面的定位，共分为三个开场白："口才三绝"部分是"用好口才，破解成功密码。大家好，欢迎收听《口才三绝》"；"为人三会"部分是"学会为人处世，走向人生巅峰。大家好，欢迎收听《为人三会》"；"修心三不"部分是"养成良好心态，走向美好人生。大家好，欢迎收听《修心三不》"。这些开场白都将节目主题清晰地表达出来，让听众一听就明白节目内容的调性。

（三）内容结构

先是用一句话介绍本期节目的主题，如"今天我们来聊一聊，在为人处世当中，为什么一定要学会远离无用社交"。接着用名人名言或理论等来引入，如用日本作家山下英子女士提出来的"断舍离"的概念来引入，由舍弃生活中没用的东西、过有意义的生活延伸到远离没有任何用处，甚至会带来负面影响的社交，才能提高生活质量。一般在内容中至少穿插两个案例：影视剧、名著、名人、新闻等热点案例或现实案例，作为正面和反面例子（在实践操作中，由于每期主题不一样，案例也会有所不同），如"如何远离无用社交：《离婚前规则》中那些酒肉朋友的启示"以电视剧《离婚前规则》中的一段剧情：郑凯饰演的富二代黎昕结婚后依然天天和酒肉朋友们混在一起，花费了大量的时间和金钱，结果令父母失望，妻子也与其离婚，失去了经济来源，而且他的那些狐朋狗友没有一个愿意帮他，甚至还来吃他的霸王餐，可把他给害惨了。先列举反面例子，引发听众的思考，然后用生活中的现实案例，如某个人很拎得清，知道什么样的社交应该重视，什么样的社交应该远离，堪称人间清醒，真实地反映了人们日常生活中遇到的状况，给听众带来强烈的代入感。

（四）男女双播形式

《口才三绝 为人三会 修心三不》采用的是男女双播形式。男播是最主要的，贯穿全篇；女播起到辅助作用，分两次出现。第一次女播出现在第一个案例（以《离婚前规则》的一段剧情为反面例子）结束后，女播的内容如下：“无用的社交会让我们空耗时间、精力和金钱，尤其是以吃喝玩乐为主的酒肉朋友，这样的社交关系，对我们没有任何价值和益处……聪明人是如何对待无用社交的呢?”这句话起到承上启下的作用，总结了上面的内容，又用提问的方式引出了下文，而且语言相对规范书面，与男主播用口语播讲的内容形成鲜明对比，提升内容的层次感；第二次女播出现在第二个案例（某人在生活中拎得清的现实案例）结束后，女播的内容如下：“对于社交关系，一定要有自己的判断和取舍，面对低质量的无用社交，应该果断拒绝和远离，避免浪费不必要的时间和精力……那么，今天这一期节目就到这里了，大家听完有什么感悟呢?你们在生活和工作中，有没有低质量的社交关系呢？你又是怎么做的呢?欢迎大家一起讨论学习，成为最会做人的人！下一期节目，我们来聊一聊为什么要学会欣赏对手，以及欣赏对手会给我们带来哪些好处？欢迎订阅《口才三绝 为人三会 修心三不》，我们下节课再聊。”这样的结束语既对第二个案例进行了总结、提出问题促成互动，还对听众说明了下期节目预告并对节目进行了推广。上述这些操作，对如何制作职场类短音频内容提供了有益的借鉴思路。

七、儿童类短音频节目制作

在儿童有声节目领域，喜马拉雅儿童口碑榜第1名的《猴子警长探案记》是广受宝宝及宝爸宝妈喜爱的一个栏目，至今播放量已经超过5亿。

下面我们以《猴子警长探案记》为例，来说明儿童类短音频节目的内容结构和制作方法。

（一）标题简洁明了，主题一看就明白

比如《怪兽事件》《蓝羽毛失踪案》《咖啡复仇记》《跆拳道馆的抢劫事件》等，易于小朋友理解，并能激发他们的兴趣。

（二）故事内容适宜小朋友收听，趣味性强

《猴子警长探案记》主要讲的是猴子警长、小鸡东东、兔子警长和科学坏蛋弗兰熊的一段探案故事，在探案中贯穿了大自然和生活中的常见问题，如狗狗能不能吃巧克力，树懒能不能喝咖啡？故事的编排比较有逻辑，可听性很强。并且，每集音频通过故事情节的设计和推动，能够充分激发小朋友们的思考，培养他们的逻辑推理能力，还可以丰富他们的科学常识储备。另外，每一集的故事长度适宜，将一个较长的故事分为几集播放，不会因为内容过于冗长，而给小朋友造成收听负担。

（三）语言生动活泼，主播声线优质，背景音乐轻松

语言生动活泼，符合小朋友的心理需求，再加上主播优质的声线和轻松的背景音乐，给小朋友营造了愉悦的收听氛围。

除了《猴子警长探案记》外，喜马拉雅上还有很多儿童知识付费音频节目。比如，字节有趣在2020年年初，针对疫情，创作了儿童防疫有声读本《新冠病毒科普通话故事：防疫总动员》，通过故事的方式对新型冠状病毒的发生、传播、防护等进行场景化演绎解答，截至目前播放量已突破1400万次；2021年，字节有趣创立了儿童频道的主品牌夜鸣虫童书馆，同年策划出品的日记体有声小说《小跳跳上学记》第一季和第二季，也已经突破了400万次的播放量，位列儿童新品榜第18名。

上述具有代表性的儿童类音频作品对我们制作儿童类短音频内容提供了有价值的借鉴思路。

如今，短音频正加速向全性别、全年龄、全文化程度群体进行渗透，慢慢成为用户信息接收、娱乐休闲的主要方式之一。但是，目前短音频存在的主要问题有：短音频内容零散，难以形成规模效应；广播的传播出口是无线电波，以及蜻蜓FM、喜马拉雅等音频APP，但目前短音频没有一个或多个固定的传播出口；短音频没有成熟稳定的变现模式。所以，推动短音频的市场发展任重而道远，是广大音频内容创作者面临的一大挑战。

链接：区别于歌曲、笑话、相声、广播剧等以“声音”为卖点的产品形态，短音频强调“价值传播”，符合移动互联网受众的审美和认识需求。人们对短音频存在潜在的隐性刚需，其碎片化、伴随性和沉浸感，完美迎合了用户缓解自我焦虑的需求。而且，短音频能够化繁为简，去芜存菁，把受众从海量信息中解脱出来，以碎片化的方式提供最及时、最重要的资讯，以及最独特的观点。再加上技术红利的窗口机遇和国家增强版权保护的力度，扶持文化产业，保障了在线音频的发展。这些因素都成为短音频行业发展的新机遇。

第二节　长音频内容创作

长音频，具体分成有声书和电子书两个细分赛道。如今，越来越多的音频平台正在进入有声阅读市场。根据相关报告，2022年中国有声书用户将达到6.5亿，市场规模将达到95亿元。可见，有声书IP极具商业价值。

下面，我们就来重点讲述一下有声书的制作及知识付费文稿的创作。

一、有声书的种类

有声书是通过声音表演者、专业录音制作人员把图书的文字内容录制转化为音频，读者不需要调动视觉，仅依靠听觉就能达到阅读的目的。

有声书有三种主要模式：AI文字转语音、真人播诵、广播剧。

AI文字转语音是将文字利用人工智能技术转化为语音；真人播诵是由播音演员将文字书播诵出来，一些播音演员可以一人分饰几位角色；广播剧是由配音工作室根据剧本制作的适用于耳朵来听的“电视剧”，往往需要编剧、配音、剪辑多方合作才能完成。①

AI文字转语音是人工智能技术在音频领域的持续发力。比如，2021年，喜马拉雅在北京单田芳艺术传播有限责任公司的授权下，用TTS技术还原单田芳先生的声音，制作的“单田芳声音AI重现系列专辑”就属于这类。

如果通过AI技术模仿他人声音，使用者应注意事前需要得到权利人

①今晚报.有声书行业，分一杯羹不易[EB/OL]. http://finance.sina.com.cn/jjxw/2022-06-18/doc-imizirau9116358.shtml

的授权，得到同意后，才能对音频进行商业化运作和推广，否则就有侵权风险。

同样，真人播诵是在他人文字作品的基础上进行朗读或表演，属于二次创作，需要先明确作品是什么类型，二次创作是什么类型，两者重合多少，是不是构成作品。如果在作品的基础上加上评论，成为书评或者变成广播剧，就要看作品与书评或广播剧相重合的部分是否构成作品。对于这种情况，应先尊重权利人的利益，需要考虑合理使用等问题，因为虽然声音不受著作权法保护，但将声音变成作品，形成音频作品，就成为著作权法保护的对象。

二、有声书的出版流程

虽然不同的出版社对有声书的制作存在些细微差异，但一本有声书的诞生，以下几步是必不可少的：

第一步，从选题策划开始，出版社就会全盘考量，把电子书、有声书的版权洽谈纳入选题范围（有些出版社把这个步骤放在第二步之后）；

第二步，上选题会，进行专辑路演，论证选题可行性；

第三步，确定最佳演播方案，单人播、双人播还是多人播？（与纸书的流行趋势不同的是，声音产品的风格迭代更快）；

第四步，寻找合适的演播人，多轮试音并确定演播风格；

第五步，进棚录制，现场审听一轮；

第六步，确定匹配的后期方案，开始制作；

第七步，审听——返改——复审——定稿；

第八步，拟定文案，做好视觉设计，安排好上线周期；

第九步，终审上线，一边保持日常更新，一边在评论区、书友群、圈子里，做好日常安利和营业。

三、有声书的选题

就有声书的用户内容需求来看，据艾瑞咨询统计，听众最看重的五要素是：人物的丰满与吸引力、情节、题材、配音演员的声音、主题深刻程度。

从内容类型来看，据艾瑞咨询统计，悬疑推理类最受欢迎，排在第二的是都市传说类，第三是人文社科类，第四是历史幻想类，第五是武侠仙侠。这就给有声书的爆款选题提供了借鉴思考。

四、有声书制作流程

一部有声小说，从制作到上架，基本可以分为3个阶段：前期筹备、录音制作、上架运营。

（一）第一阶段：前期筹备

第一步，确立版权。

有声书的来源一般分两种：原著小说和编剧原创有声书。

原著小说的版权，如果作者已和某平台签约，需要找该平台交涉；如果作者尚未与任何平台签约，直接找作者买版权。

若原著受到读者欢迎，那改编成有声书的可能性很大。因为近几年大部分很火的有声书，都是因为原著很优秀，本身带有流量，才会制作成有声书。据了解，原创网络文学、热门影视文学和经典作品是目前有声书中最受欢迎的门类。

需要注意的是，单本有声书的权利也有所不同，可以分为“单人演播”“男女双播”“多人演播”“有声剧改编”等多种。据上海译文出版社副总编辑朱凌云介绍说，“版权方通常授予的有声权利是‘单人演播’，不能改动文本，所以，市面上的有声书大多由一个主播演绎，按照原文朗读。‘单人演播’以外的权利，需要版权方重新授予，每追加一种新的权利，都需要出版社承担相应的版权成本。”

第二步，策划。

有声小说的策划相当于影视行业的制片人，全权负责前期筹备工作：这部作品是做成双播剧，还是多播剧呢？如果是多播剧，希望由多少位主播参与，有无特别要求呢？整体预算是多少？希望什么时间上架？这些都需要策划和出品方提前沟通。

等确定好了各方面的需求以后，策划就需要去组建剧组，这是策划最重要的任务。一个有声书剧组需要如下人员：策划、编剧、导演、主播、画本、对轨、审听、后期制作、监制、宣发等。有的团队里的策划、编剧、导演可以由同一个人来担当。有时大家会在演职列表里看到“导演”“配音指导”“统筹”等岗位。其实，在拥有成熟老练的主播的剧组，导演和配音指导的配置会省略掉；统筹其实类似监制，主要工作是协调。现在，很多有声书剧组，为了提升沟通效率和节省成本，会根据内部需求来适当调整人员配置，如策划兼任监制、后期兼任审听、主播兼任导演等。

第三步，画本。

一般来说，策划拿到剧本以后，第一件事就是找画本老师。画本老师是个文职，就是用各种各样的颜色把各个角色的词分开，有利于各个主播录制角色音，否则很容易串词，给后期制作带来很多麻烦。比如，《三体》是一部多人剧，确定由10位主播来演绎人物，就需要给主播们的台词标记10种不同的颜色，假设给罗辑这个角色标记了绿色，那么罗辑所有的台词都要用绿色来标记。再比如，儿童有声剧《功夫虫王二毛探案记》的画本，就对每一个角色对应的主播台词进行了相应色调的标记。

这时旁边一棵榆树枝丫上传来了一声叫骂：【巨蟹蛛】"这俩扑棱蛾子，把我刚织好的网给撞破了，真该死！"

二毛抬起了头一看，发现一只个头很大的蜘蛛趴在网上骂骂咧咧，自打出生以来它还没见过这么大的蜘蛛，这下子着实吓了一大跳。阿秋也瞪着大眼睛看着这只蜘蛛，惊叹道：【阿秋】"好大一只巨蟹蛛啊！"

二毛疑惑地问：【二毛】"巨蟹蛛？好奇怪的名字，为什么叫巨蟹蛛呀？"

阿秋得意地说道：【阿秋】"别看它名字奇怪，它名字里的'蟹'字是一种动物，蟹来自很远很远的地方，它们生活在水里，奇丑无比。对了，据说螃蟹是横着走的，而这种蜘蛛也是横着走的，而且这种蜘蛛的个头比普通的蜘蛛大很多，所以就叫巨蟹蛛了。

二毛赞叹道：【二毛】"阿秋，你懂得可真多！"

阿秋不好意思地摆摆手说："【阿秋】巨蟹蛛虽然个子比较大，可是它确实性情比较温和的一种昆虫，今天也不知道谁惹到它了。"

忙着编织的巨蟹蛛听到下面悉悉索索的声音，低头大声喊道：【巨蟹蛛】"谁在下面说话呢？"

二毛和阿秋连忙一起跳上了枝丫，在月光下打量着巨蟹蛛，阿秋说：【阿秋】"你好巨蟹蛛姐姐，我们要去前边看月亮，你为什么这么生气呀？"

巨蟹蛛气愤地挥舞着前肢说：【巨蟹蛛】"是一只大扑棱蛾子，莽莽撞撞地飞了过来把我辛辛苦苦织的网给撞破了，然后就往那里飞走了！"巨蟹蛛说完，伸出一条腿指着一个方向。

二毛挠挠光秃秃的脑门问：【二毛】"扑棱蛾子？那是什么？"

阿秋在一边解释着说：【阿秋】"就是飞蛾。"

二毛顿时明白了，然后看向巨蟹蛛并问道：【二毛】"那你看清楚它长的什么样子吗？"

巨蟹蛛伸出胳膊修补破掉的网，它停下修补的动作想了一会儿说：【巨蟹蛛】"嗯，天色太暗了我看不太清楚，不过它的身体灰不溜秋的。要不是它会飞，我还以为是一块脱落的树皮呢。对了，那只蛾子的翅膀上还有黑色的斑点。"

二毛费劲儿地思考着，可是飞蛾的种类千千万，巨蟹蛛又没能提供特别明显的标志，怎么能判断这是哪种飞蛾呢？它看了看阿秋，希望能从阿秋那里得到答案。

谁知道阿秋也说：【阿秋】"有好几种飞蛾都是灰色的，你提供的信息量太少了，我也不确定是哪一种蛾子。"

不过没关系，巨蟹蛛忙着修补自己的网，没有纠缠太多，也没指望阿秋和二毛帮助它破案，摆摆手示意它们离开。于是二毛和阿秋带着疑惑告别了巨蟹蛛，继续往前面跳去，在经过一节腐朽树根的时候，一阵"呼噜"声从附近传了出来。

阿秋循着声音走过去一看，惊喜地喊道：【阿秋】"是桦尺蛾，它的翅膀就是灰色的……哎？难不成就是这只桦尺蛾把巨蟹蛛的网给撞破的？？！"

二毛顺着阿秋指的方向一看，果然在一截枯树旁看到一只打呼噜的飞蛾，它的身体是灰灰的颜色，如果不仔细观察，还真发现不了这只飞蛾的行踪。

桦尺蛾听到声响，一边打着酒嗝，一边睁开惺忪的眼睛，拍打着软绵绵的翅膀喊道：【桦尺蛾】"小蚂蚁，上酒！"

二毛纳闷地问：【二毛】"小蚂蚁？什么意思？"

《功夫虫王二毛探案记》的画本

画本这道工序的目的就是为了方便主播在录制过程中快速找到自己的台词，也方便后期在制作过程中核对台词。给台词画颜色是画本最基本的工作，而优秀的画本还会根据剧情发展在关键节点添加备注，如某句台词的情绪、某个场景的背景、后期需求等。

（二）第二阶段：录音制作

第一步，主播录音。

一般来说，绝大部分的有声小说，都是主播各自录好自己的音，然后交到后期手里，最后由后期合成到一起的。

当然，也有小部分的作品，是参演主播们进棚录制的。但是由于专业的有声小说主播在工作间都配有良好的设备，拥有安静的录音环境，因此市面上的绝大部分有声小说录制都是主播各自在工作间进行的。

其实，主播录音并不是一个轻松的活儿。懒人听书运营中心生产制作部经理韩霜雪透露：有声书的音频制作，并非从文字到声音的简单转换，主播需要全面了解整个文本，这跟演员拿到剧本后，要琢磨人物性格一样。但主播无法像演员一样，通过面部表情去展现人物的状态、心理和情绪，只能通过声音，这就对主播提出了较高要求。此外，主播还需要在版权方允许的情况下对一些不适合口语表达的内容进行微调。

朱凌云认为，主播的作用在录制外国文学翻译作品方面更为明显。“翻译作品对于国内听众来说有天然的距离，这就需要主播有非常强的演绎能力，把翻译腔本土化。”

第二步，监制跟进制作流程。

比如，主播何时交音，后期何时交付成品，整体进度如何等。监制的工作看似最简单，实则最复杂，因为需要为整部作品的制作进度负责。

制作途中遇到任何问题，都需要监制去协调，如主播临时有事无法录音是否会影响作品更新？主播罢录怎么办？作品即将断更怎么办？这些都是需要监制协调解决的。

第三步，审听审核。

主播录好干音（就是没有经过后期处理的录音），会交给审听，审听需要审核是否有错字、是否有漏句、是否噪音特别大等，并出一份审听报告给主播，以供返音修改。根据剧组的需求，审听有时候也需要审核最终成品。优秀的审听，其实也发挥着“导演”的作用，不仅会纠错，还会指出重音、小说原文错句、吐字归音等专业问题。

第四步，后期制作。

简单来说，后期就是往主播们录好的干音里加入背景音乐、音效等，搭建场景，让声音更有画面感。

“对轨”，也是后期的一个环节，现在市场习惯把“对轨”单独拆分出来，实际上它也是后期的一部分，主要出现在双播剧和多人剧中。

以多人剧为例，主播们都是各自录各自的台词，“对轨”则需要按照剧本，将主播们的台词调整顺序，并拼接成完整的音频。市面上很多作品的后期和对轨都是拆分开的，后期主要负责给对轨后的音频添加背景音乐、音效等。

第五步，美工制作封面。

一部有声作品上架，需要好看的外包装。美工会根据策划提出的需求，来制作专辑封面。专辑要突出内容特点，便于用户在浏览时看到。

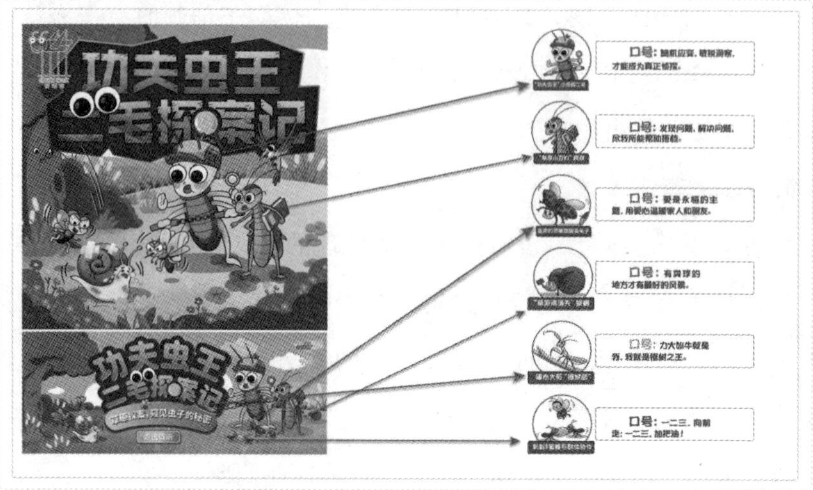

《功夫虫王二毛探案记》的封面

《小跳跳上学记》一、二、三季的封面

（三）第三阶段：上架运营

第一步，上架审核。

各个平台为了确保上架的作品无版权纠纷，在作品正式上线之前，需要运营方提供相关版权文件，以确认这部作品的合法性。一般审核需要1～2周的时间。

第二步，宣传运营。

为了让更多人听到这部作品，运营会想办法去宣传作品，如策划一些活动（新书发布会、专辑评论抽奖等）、新媒体宣传（公众号、抖音等）、社群宣传（QQ群、微信群），也会想办法去争取一些推荐位，获取更多的曝光量。优秀的运营，还会根据听众的收听习惯、作品的受众群体、相关数据等制定运营策略。现在，出于成本等方面的考量，大部分主播都是亲自负责运营工作。

《功夫虫王二毛探案记》上线，微信公众号宣传

总而言之，一部有声书的制作是上述多个工种配合完成的。特别是多人剧，从制作到上架，流程复杂且耗时。这也正是很多作品没有办法每天更新多集的原因，因为只要以上环节有一道工序出了问题，就会影响制作进度，为了防止上架后出现意外导致断更，都会提前囤积一些音频备用。

在运营上获得成功的有声书，一方面缘于经典本身的内在价值，另一方面也与有声产品的精耕细作分不开。

比如，2019年，新经典文化股份有限公司开始涉足有声书领域，推出的第一本有声书是阅读难度很高的文学经典——加西亚·马尔克斯的《百年孤独》。新经典创新实验室音频出版主编刘恩凡说:“在《百年孤独》有声书的制作过程中,策划编辑提前准备了两万字的人物小传,帮助主播捋清书中7代人错综复杂的人物关系;制作编辑在录制过程中,时不时和主播一起停下来分析情节、查阅资料,并对文本做详细的制作标记,以便后期用音效和音乐为作品增色。作品上线后,我们也做了大量的推介工作,帮助听众消除对名著的畏难情绪。”这本书在喜马拉雅上线的第一天,播放量就突破了10万,各平台累计收听量近千万。这让越来越多人意识到,原来经典也可以用耳朵听。

目前,各大有声书阅读平台上,文学经典已然成为热门。在喜马拉雅上,路遥的《平凡的世界》累计收听量达1.33亿,《人生》的累积收听量达830万,《围城》《张爱玲全集有声剧》等都是收听的热门作品。

近年来,部分有声阅读平台已经不只满足于简单地把文学作品转化为音频,而是将剧本化改编融入有声书制作,打造有声书“2.0版本”——广播剧。

五、广播剧的制作

有声书“2.0版本”——广播剧,是指由小说、漫画、动画、游戏等原著作品进行二次创作之后产生的广播剧。

一般而言,广播剧的制作可分为三大板块:筹备阶段,包括写剧本,找到合适的演员等;录音阶段,包括演员录音和其他声音录制等;后期阶段,包括主题曲、动效拟音等内容制作。

(一)第一阶段:筹备阶段

筹备阶段,主要是指对选题的策划、故事梗概的制定与细节落地的阶段。以字节有趣制作的《功夫虫王二毛探案记》为例，鉴于喜马拉雅儿童探案类主题节目的热播，字节有趣专门选取了喜马拉雅站内没有人涉足的昆虫类别作为探案题材的主要方向。为了写好剧本，字节有趣将当今热门的昆虫题材作品，比如《时代广场的蟋蟀》《昆虫王国》《昆虫大百科》《昆虫记》《昆虫星球》《追随昆虫》《了不起的昆虫》《虫虫星球》等几乎所有关于昆虫的经典著作和参考文献都通读了一遍，从中选定字节有趣的Logo蛐蛐为主角，并圈定了最初出场的几个昆虫角色，并为每一个出现的昆虫制作昆虫小转，以确保在广播剧中出现的每个昆虫的动作和习性都符合其本来面目。同时为了增加趣味性，还结合主角小蟋蟀二毛逞勇好斗的特性，赋予了其东方功夫的特色，帮助小朋友理解昆虫的习性。选定了角色之后就开始进入了探案故事的创作阶段，探案故事创作完成，这部广播剧也就基本完成了筹备阶段的工作任务。

需要注意的是，因为《功夫虫王二毛探案记》是制作方的原创广播剧，如果从业者拿到的是非原创广播剧，在制作之前是需要拿到原著的改编权的。

（二）第二阶段：录音阶段

第一步，围读彩排。彩排环节，其实就是导演和演员的沟通环节：导演要把剧本中的主要情节、情绪点、故事逻辑和人物关系阐述清楚；同时，演员也要把剧本的片段在脑海中衔接起来，再以听觉的视角去思考如何将画面感在听觉中体现出来。双方磨合好后，就进入正式的录制环节。

第二步，演员录制。因为广播剧没有画面，对配音演员来说，真正地走到人物内心当中需要通过自己的情绪和语气来还原原著小说的粉丝对于人物的构建，用声音去和听众、剧情，以及人物产生共情：该哭的时候要真哭，该笑的时候要真笑，所有的节奏、口型，甚至更多的细节也要时刻在内心构架好。一遍又一遍不遗余力地录制，以呈现出真实和具有层次感的声音。

第三步，群杂收录。恰当的背景人声对于形成一部丰满的广播剧起着非常重要的作用。“甲乙丙丁”只需说上一两句话就可以丰富剧情和角色，营造情境和氛围，让整部广播剧显得更真实，更立体，更具有可听性，完整的广播剧生态自然就搭建出来了。

（三）第三阶段：后期

第一步，采风。声音的表达不仅要有人物的情绪，也要有场景的建设。街头、市场、饭店的嘈杂声，路边猫狗的叫声，这些生动鲜活的声音无疑可以为广播剧锦上添花，这就是后期采风环节所起的作用。

在这一环节里，所有的声音设计师都会跟随着剧情的“脚步”，在现实生活中到处走一走，收一些气氛音，这些声音对于后期制作来说是一种灵感，因为声音的距离感以及所在的环境对于配音演员来说，都是演绎环节中的一种提示。

第二步，拟声。除了采风，拟声音效也必不可少，如剧中刀剑出鞘的声音等，都是通过物件和器材一样样模拟出来的。

第三步，音乐制作。广播剧本身是无画面的，如何帮助它推动剧情，渲染氛围，切换空间呢？需要为其“量身定做”好曲子，成为感染听众的有力手段。

第四步，审核返修。经过层层制作加工，终于到后期的最后一步——审核返修。这时，导演会对小样的画面逐一检查，其中的镜头感、顺序感都要仔细完善，修改后再将成品交付给平台，平台根据市场和粉丝进行最后一次调整，一部广播剧就这样诞生了。

比如，更加精工细作的喜马拉雅《三体》精品广播剧已成为全网播放量最高的科幻广播剧。经过两年多的连载更新，如今《三体》广播剧以1.1亿的播放量和9.6分的高评分在喜马拉雅圆满收官。《三体》是广播剧的“大制作”：从配音演员的情绪表达，到每一个细节音效、旁白演绎，都让人感觉自己仿佛就置身于三体世界当中，与剧中人物的命运紧密相连。我们不难看出，喜马拉雅制作团队的专业度和对这部作品每一个细节的精致把控。

六、播客趋势

播客的英文名是Podcast，这其实是个混成词，Podcast = iPod + Broadcast，是一种可以在数码设备上订阅收听的数字广播媒体。最早是苹果公司开始推广的，到现在大家依旧可以通过在App Store里下载名为Podcast（播客）的APP来订阅收听各种节目。所以说，播客等同于将广播节目的内容录制下来，放置在一个RSS订阅消息列表上，供用户订阅、下载和收听。[①]

独立中文播客《日谈公园》的创始人李志明认为，播客最通俗的解释就是“网络电台”：一位或多位主播围绕某一话题输出个人创意、观点的网络节目，讲述形式包括个人讲述、聊天、访谈等，囊括亲子、助眠、喜剧、文化等多个题材。

播客如今正在年轻群体中流行，原因主要在于以下几点：一、播客具有强烈的伴随性，不必对内容花费过多的注意力和情感投入，个体更易从内容中抽离回归现实生活；二、播客以对话的形式在节目里重现朋友聊天般亲切的社交情景，营造出细节丰富、情谊深厚的氛围，更好地

① 再惠（上海）网络科技有限公司.如何制作博客[EB/OL].https://zhuanlan.zhihu.com/p/383465076.

起到情感慰藉的作用；三、用户依据自身的兴趣喜好、价值观等与播客内容形成情感认同，更易于其构建一个坚实的“情感共同体”。当下，包括喜马拉雅、荔枝、蜻蜓FM等在内的各大音频平台纷纷布局播客领域，在如此背景下，音频市场的播客创作者生态正在逐步扩大，科技、新闻、亲子、文化、娱乐等多元题材的“内容池”逐渐成形，推动播客生态日趋繁荣。①

播客与喜马拉雅代表的有声书的区别主要是陪伴感不同：播客是做播客内容的本人在陪伴，有声书的陪伴是创作者营造的场景感及朗读者用声音来诠释的二合一的陪伴，两者带来的感受不一样。

播客与有声书的语言系统也有所不同：播客用日常对话、日常交流的语言；有声书是在念书，用的是偏书面化的语言。两者不同的语言系统带来的情感距离远近不一样，因为播客的主持人和主理人本人就是作品，而有声书的陪伴主体是作品，不管是课程还是小说，与听众的情感之间要进行磨合。

播客与传统的有声节目的区别：播客是有声节目的一部分，是可订阅的；传统的有声节目是不可订阅的。与传统的有声节目主题被限定不同的是，播客的主题很自由，每一个主理人都为自己量身定制做符合自己特质的内容，“千人千个播客”，在制作上更加自由，风格多样性，借用的技术手段边界更远，给人们提供了一个比较完整的自我表达空间。

知乎用户“facert”抓取了苹果Podcast上的中文播客，筛选出人气Top100的播客，评分在4分以上的播客包括《声行漫步》《声东击西》等。

上述播客主要集中在泛文化、脱口秀、商业资讯领域，不少主理人

---

① 钛媒体.全网渗透率达80%，“耳朵经济”将成为当下市场的流行趋势[EB/OL]. https://baijiahao.baidu.com/s?id=1726637152820906727&wfr=spider&for=pc.

是专业媒体出身。

在国内，相比于短视频与视频直播，播客的体量与用户显得相对小众，而且盈利困难。独立中文播客《大内密谈》和《日谈公园》分别创立于2013年和2016年，是目前听众最多的中文播客之一。但直到2018年，二者才真正进入公司化运营，探索音频插片广告、节目赞助、内容付费、衍生品销售和社群运营等商业化可能，各自获得了百万级的天使轮融资。但这两个仅仅是个案。

因为，从目前行业发展来看，播客在中国市场还处于试探阶段，还没有形成完整的产业链条，没有像国外那样有成型的内容供应商，商业变现渠道单一。基于此，本章节不对播客的制作进行详细阐述。

七、付费音频稿件创作

知识付费是国内音频市场的一个内容类型。

知识付费：主播通过音频的形式向大众传播知识的系列栏目，类型包括通识教育、英语培训、职业技能提升等，以学习为导向，知识的获得者需要向知识的传播者给予报酬才可获得内容的收听权。

（一）付费音频稿件类型及特点

付费音频稿件一般分为三种类型：拆书稿、讲书稿和原创稿。

第一种，拆书稿，简单来说是对一本书进行拆分和解读。如把一本书拆解成5～10篇文章，每篇文章都有一个小主题，其中有案例，有结论。拆书稿将一本书的内容去粗取精，将精华直接提供给用户，解决了现代社会人们没有时间读书的痛点。

市场上的拆书稿一般分为两类：第一类是拆解成长类、干货类、心理学认知类书籍，其特点是条理性相对清晰，也比较容易划分写作主题。

具有代表性的书籍有《如何高效阅读》《终身成长》《非暴力沟通》等，拆解的时候可以按照目录，由浅入深。第二类是虚构类、散文类等文学作品，如《骆驼祥子》《假如给我三天光明》等，拆解的时候可以按照故事情节的发展顺序来进行。

第二种，讲书稿，也叫听书稿，与拆书稿的区别，就好像是电视剧和电影的区别。讲书稿将一本书的内容用一篇文章讲清楚，而且要讲得有意思，引起读者阅读原著的兴趣，字数一般控制在5000～10000字。

讲书稿的平台有得到的《每天听本书》、有书的《每天听书》，喜马拉雅的《喜马讲书》，樊登读书等。其中，最具代表性的就是樊登读书，它的口号是“每年一起读50本书”，每本书花40～50分钟，由樊登来解读书中的精华，以供读者收听。

第三种，原创稿，如果说拆书稿是电视剧，讲书稿是电影，那么原创稿就是一档电视节目或网络节目。原创稿，或者原创知识类节目，每一期都有自己的主题。比如，职场类音频节目，今天讲如何管理自己的时间，明天讲如何与领导沟通，后天讲饭局中怎么说话等。这些主题及内容，不是出自某本书，而是需要创作者从现实中或网络上查阅大量的资料，并根据自己的经验来进行创作解读，非常考验创作者的个人能力。

原创付费音频节目，广泛分布于喜马拉雅、蜻蜓FM、得到APP等平台，如《好好说话》《蔡康永的201堂情商课》《五分钟商学院》《口才三绝 为人三会 修心三不》《矮大紧指北》《冯唐成事心法》等，都有着超高的播放量和收益额。

无论是拆书稿、讲书稿还是原创稿，最终都是以音频的方式交付给用户。它改变了我们从书中获得知识的方式：从“看”——用眼睛吸收知识，变成“听”——用耳朵吸收知识。因此付费音频稿件具有以下特点：

一是二次创作，将一本书变成一篇拆书稿或讲书稿，是将这本书的知识变成听众容易掌握的内容，是在深度阅读的过程中所创造出来的新知识。

二是口语化，因为音频稿要求作者时刻不忘设想用户是否能听懂。

三是内容提纯，即帮助听众把一本书里的水分滤掉，只留下干货部分。需要注意的是，进行内容提纯后，写出来的内容不能读起来干巴巴的，最好既能联系书本，又不脱离实际，让听众有所收获。

四是知识增量，指的是让听众不仅能收获到硬知识，如实操的工具和方法，还能得到软知识，如思维、理念和认知方面的升级。所以，在列举书中案例的时候，要选取听众不知道的知识体系，让他们听完书后觉得有新的收获，给他们带来知识增量。

（二）拆书稿的创作方法

拆书稿，一般分为预告、正文和总结三大部分。至于如何拆解，方法多种多样，常见的方法如下。

一是章节拆解法，章节拆解法相对来说比较简单，是最常用的一种方法，特别适合逻辑主线很清晰的书籍。在决定拆解一本书时，我们先要看一下这本书大致有多少个章节，里面都讲了什么，再把其中的重点或关键词，大致分配成5～10个小主题。

比如，瑞·达利欧的《原则》分为我的历程、生活原则和工作原则三大部分，近30个小章节，这就需要把主题相近的章节合并，并挑出10个读者感兴趣的主题来写，如：瑞·达利欧传奇的一生/拥抱现实，教你用五步流程实现人生愿望/那些活得漂亮的人，都做到了这一点/35岁之前，必须要养成的好习惯/人生每天都在决策，如何做好每一个决策？/如何通过有意义的工作和有意义的人际关系成为人生赢家？/如何做到从

“允许犯错”到“超越分歧”？/比做什么更重要的是，找对做事的人/如何管理和改善公司？/如何实现你的目标？

二是页码拆解法，是根据整本书的页码来拆解。如果遇到一些主题很分散，章节比较混乱，或者说没有多少逻辑性的书籍，如虚构类作品，尤其是不分章节的长篇小说，就可以用这种方法。比如，“有书共读”里的《骆驼祥子》便是以页数拆分的，如：乱世洪流里，每个人的命运都将被裹挟（1–30页）/死里逃生不易，过美人关更难（31–56页）等。

三是故事主线拆解法，这种方法比较适合小说。小说有情节，有铺垫，拆分有一定的难度，由于它有一个比较明确的故事主线，我们可以围绕这个故事主线来拆解。在拆解的过程中，我们可以忽略掉无关的人和情节，理清故事主线就行了。

比如，中篇小说《了不起的盖茨比》，主要讲述了寒门少年盖茨比与贵族少女黛西的爱情故事：起初两人短暂相恋，第一次世界大战时盖茨比入伍，两人不得不分开；五年后，盖茨比通过奋斗成为百万富翁，而黛西成了纨绔子弟汤姆的妻子。痴情的盖茨比只爱黛西一人，本以为自己可以带着黛西离开不幸的婚姻，重回梦绕魂萦的甜蜜初恋，却不料只是他一厢情愿。黛西不但不爱盖茨比，反而利用他。黛西开车误杀了汤姆的情妇，为了脱罪，她与汤姆合谋将罪名安在了盖茨比的头上。就这样，那位情妇的丈夫错认盖茨比是自己的杀妻仇人，一枪杀了他。盖茨比的生命与他那荒唐的爱情从此落下了帷幕。

这个故事的主线并不复杂，人物不多，情节也不零散，拆分起来相对比较容易，用1个预告、4个小主题和1个总结就可以了。

示例如下：

预告：介绍大致这本书的文学成就，以及这本书的时代背景，等等。

主题1重点讲初恋对于一个男人的影响：盖茨比和黛西的相识过程，

在盖茨比什么时候爱上了黛西的地方重点着墨。

主题2重点探讨婚姻和爱情的关系：盖茨比和黛西的重逢，以及他们和汤姆之间三个人的感情纠葛。

主题3重点讲述婚姻围城和出轨之类的主题：盖茨比和黛西的私奔计划，以及汤姆和车店老板娘的偷情。

主题4重点讲整本书的高潮部分——盖茨比之死：分析在情感关系里，盖茨比没有底线的付出和牺牲到底值不值?

总结：在立意上升华，如从盖茨比的性格入手，来分析整个人物的宿命，或者作者为什么把黛西当成一个不可企及的美国梦。黛西最后的冷酷选择代表了什么，整本书有什么文学意义和社会意义等。

写作拆书稿有以下注意事项：

一是夹叙夹议，在叙述书籍内容的同时，加入自己的想法和观点，一般“叙”占30%，“议”占70%，不同类型的书籍可以适当调整比例，如干货类书籍的“叙”可以稍多一点，“议”少一点。另外，“议”的时候，要结合读者的痛点，引发读者的共鸣，激发读者阅读原书籍的兴趣。

二是选用好故事，一个好故事不仅可以提高拆书稿的可读性和趣味性，还可以使听众纷纷评论和转发。那么，什么是好故事呢？好故事是动人的故事，往往是真实的故事，也就是创作者的亲身经历。在写拆书稿的时候，创作者完全可以用故事思维把自己的经历放进去，经历越生动，就越能与受众产生共鸣，激发他们的学习欲望。

三是实践应用，拆书稿的独特价值，我们也可以理解为知识点，一个有具体操作方法、可以让我们去实践应用的干货内容。一本书中，实用性的知识通常会以方法论或者体系的形式出现。我们在写拆书稿时，要把它整合出来，再结合自己或者身边人的亲身经验，告诉读者们在哪个场景下、遇到哪类问题时，可以使用这个解决方案或者方法技巧。当用户感受到了它的实用性，自然就会觉得付费是值得的。

在这里，建议新手们从理论类、工具类书籍入手。这些书最大的特点是通过目录与每章节的结论，就可以将精华部分提炼出来，你所需要做的只是将这些精华部分与实际生活连接在一起。新手们刚开始写拆书稿，切记不要一上来就拆小说类书籍，尤其是那些大部头的经典名著，如《红楼梦》《战争与和平》等，因为字数多，人物多，故事和思想都很复杂，很难将人物、故事背景与因果关系等因素分析透彻。

（三）讲书稿的创作方法

1.讲书稿的创作原则

一是以书为据，讲书稿最主要的是保持书籍本来的主题和观点，转述书籍原作者的思想观点给读者，但是，不能机械地讲解，更不能照搬原文。可以在开头和结尾的部分可以加入一些与实际联系的话语，使其更有代入感，而剩下的核心内容一定要依据书中的脉络，不能过度延伸。另一方面，按樊登总结的经验是：原文精彩就直接拿来，一般选择原文的总结性语句做结尾。但是照搬的内容不要超过10%。

二是不能单纯摘要，讲书稿是二次创作，既要尊重图书和原作者的观点，也需要一定的再创作，包括创作者用自己的语言使文字更口语化、通俗化，便于读者和听众的理解，还可以少量加入一些生活案例和自己联想的内容，引发读者和听众的共情。

2.讲书稿的结构

一是开篇，一般都会有开场白，问候和欢迎听友。紧接着，就会告诉大家要讲哪一本书，这本书有多少万字，我们要用多长时间讲完。

二是破题，指文章的开头，可以用历史事件、讲故事、举例、科学实验、调查报告、亲身经历、名人名言等作为破题方法。不管用哪种破题方法，都要能吸引听众，给听众带来价值。

比如，《少即是多》这本书的核心是提倡素与简，我们可以引用综艺类节目《奇葩说》中蔡康永微信好友仅500人这个事件来破题，引出书籍。

三是引题，在讲书稿中，引题不仅要概括观点，还要讲出这本书的特色与特点是什么？它为什么可以在同类型书籍当中脱颖而出？听完这篇讲书稿后，会颠覆人们的哪些认知？

四是作者介绍，不能只是平铺直叙，而是要介绍作者的亮点，最好写上这个作者独有而别人没有的经历。作者介绍的内容包括：作者概括、生平、性格特点、所获奖项，以及其他好玩、有趣、有料的地方。当然也可以给作者贴标签，一生写过多少本书，等等。

比如，《输出力》的作者日本作家斋藤孝，1960年出生，迄今为止，一共写过700多本书。折算下来，他每个月至少要写一两本书，这么强大的输出力，足以牢牢地吸引连一篇小作文都拿不下的听友。

五是重点预告，它是整个讲书稿的重中之重，就像是一幅地图，让听众对接下来的内容有一个很清晰的轮廓。通常列出3～4个重点即可。

六是正文，就是对你所总结出的3～4个重点，分别进行深入讲解。

比如，你总结的一个重点是讲一个历史人物的现代意义。那么，你就要在心里发问：这个人真的很厉害吗？他具体作了哪些历史贡献呢？他所创造或发明的东西，是如何解决当时人们的问题，又对后世产生了哪些影响？现代人又能从中收获到什么？等等。

顺着这个思路，把自己脑海中的问题列成大纲，带着这些问题去书中找答案，等你的这些问题都回答完了，正文内容也就出来了。

七是总结，主要是把我们前面的3～4个重点内容，分别用一两句话概括总结一下。总结最好能高屋建瓴，至少不要和前面的内容重复。

八是结尾，收尾部分需要我们复述一下讲书稿的精华内容，最后重新点题，升华内容：这本书给自己哪些启示？对自己有哪些影响？自己以后准备怎么做？

比如，《小狗钱钱》这本书是一本理财书，作者是德国著名的投资家、演说家博多·舍费尔。舍费尔曾经面临严重的个人债务问题，后因投资摆脱了债务危机并且过上了富足生活。于是，他有感而发写了这本书，通过一个童话故事的形式，告诉大家要树立正确的金钱观和财商观念。

读完这本书，我们可以归纳出5个重点：

一是树立正确的金钱观；

二是拥有自己的梦想相册和梦想储蓄罐；

三是最好的赚钱之道是自己的成功；

四是通过储蓄获得能下金蛋的鹅；

五是通过多维度投资得到更大的金蛋？

为了增加趣味性，我们可以用电影《西虹市首富》来破题。因为影片中王多余面对金钱的前后表现，正是生活中很多缺乏财商的人最真实的样子。

（四）原创稿的创作方法

1.常见原创稿的几大要求

一是以节目定位为创作依据。与拆书稿、讲书稿不同，原创稿不拘泥于某一本书，它是以节目定位为创作依据。比如《好好说话》，这档付费有声节目提炼出演说、沟通、说服、谈判、辩论五个模块，其定位一言可蔽之——教人说话。不管节目出多少期，需要写多少篇稿子，每一篇主题都要与说话相关，由此构成一个完整的“说话知识”体系。

二是拉网式搜索资料。由于原创稿的创作蓝本不是一本书的内容，而是一个小主题，所以它的蓝本是开放式的，需要先把这一小主题下所有最精深、最有收获感的资料搜集出来，然后用自己的语言，根据自己的经历和观点，加以整理改造，使其形成一期几分钟和十几分钟的节目。这如同写一篇核心论文，可以说要旁征博引，搜肠刮肚。

三是寓教于乐。网络传播自带泛娱乐化，付费音频更是如此。要想紧紧抓住用户的耳朵，内容肯定不能枯燥死板，不能有太多艰深晦涩的专业知识，要留下直白易懂的知识点。

比如，《好好说话》《口才三绝 为人三会 修心三不》，这两档节目虽然是知识技能培训节目，但都简化了偏理论和学术性的内容，不仅运用大量的明星和影视剧案例，而且语言通俗幽默，有大量的网络流行语，因此不会给用户带来太大的认知负担，同时也能让他们从这些家喻户晓的人物和故事中有所受益。

四是案例丰富。在原创稿中，案例不仅有利于说清事理和扩展内容，还能给听众提供一种代入感，引导人们做出改变。

比如，《口才三绝 为人三会 修心三不》由字节有趣出品，在喜马拉雅平台上独家上线，以每周五更（周一到周五）的形式推送6～12分钟的知识音频课程，既有名著、影视剧案例，也有真人真事和作者及周边人的亲身经历，从口才、为人、修心三个维度，以知识化、生活化和趣味化的内容，帮助用户解决成功路上的各种问题。

原创稿的写作，在前面已经详细介绍过"如何远离无用社交：《离婚前规则》中那些酒肉朋友的启示"的音频内容制作过程，在此不再赘述。

2.原创稿辅助技巧

需要提醒原创稿的写作者注意的是，要掌握一些原创稿写作辅助技巧。

一是掌握一些资料搜索技巧。一方面，选择合适的搜索途径，比如：选择一些高质量的平台，如知乎、豆瓣，在知乎可以找到很多领域问题的专业答案，在豆瓣可以找到电影、电视剧、读书等有关评分和解读的优质内容，从中挑选适合自己的信息源；选择合适对象，跳出自己的圈层，尽量选择更加优秀的人或行业大佬作为学习对象，接收他们的信息；利用知识付费获取有用信息，如在知乎、得到、喜马拉雅、网易云课堂、荔枝微课等知识付费平台上购买某个课程，打开创作思路。另一方面，学会搜索关键词，比如：提炼关键词进行搜索，要注意关键词越精准，搜索效果越好；用同义词搜索，如果我们用某个关键词搜索，没能得到自己想要的结果时，就可以用同义词进行搜索；尝试换种语言搜索，由于互联网上的英文数据存储量要远远高于中文，我们不妨转换一下思路，在搜索时，如果没有得到我们想要的信息，不妨用翻译软件，把中文翻译成英文，使用英文搜索，如果看不懂搜索结果，可以利用翻译软件把英文翻译成中文。

二是根据主播特质创作稿件。原创稿的作者一般都是节目团队中的专职作者，根据主播的人设和声音特质来进行相应创作，所以主播也是稿件创作中的一大关键因素。

比如，《好好说话》里包含马薇薇、邱晨、黄执中、周玄毅、刘京京等多位主播，每个人都有其独特的声音和语言习惯。像黄执中，他的声线比较低沉浑厚，透露着凝重的“智慧感”，加之他自己特色的口头禅“对不对”，常常给听众思考的缓冲以及言语的认同，为内容增添了不少启发性。

假设你要为黄执中，或者是给其他几个人写稿子，那肯定要多看一些他们的资料和节目，要重点研究他的声音特质，并以此来进行自己的写作。

另外，还有一种情况：你既是撰稿人也是主播，这时你的操作空间就更大了。为了精进，你可以多听同行的节目，多研究同行的稿子，以提升自己。

链接：有声书的主要市场，从消费意愿和渗透率来说，可分成发达国家区域和发展中国家区域这两个大块来看。发达国家以美国为例，有声书行业渗透率在26%，在这些区域不需要培养所谓付费意愿，因为大家都认可为版权内容付费的行为。发展中国家，细分下来也可以分成两类：一类是像俄罗斯、拉美这样的国家，有一定付费意愿和收听渗透率；另一类则是特别欠发达国家，如非洲经济特别落后的一些地区，付费意愿就不高，但也有收听意愿。总体来讲，收入越高的国家有声书付费意愿和渗透率就越高。

第五章

新媒体视频内容创作：技术拓展内容想象空间

如今，视频正在以一种前所未有的方式渗入我们的日常生活。比如，公园里的广场舞大妈，甚至于街边烤红薯的大爷都开始用拍视频的方式与世界“Say Hi”。疫情期间，视频直接服务于实体经济的属性更被放大，视频与教育、医疗、电商等行业的交融越来越深。种种迹象表明，视频已经成为一个新的生产力工具。只要你的内容足够有趣，形式足够新颖，就能够在短时间内吸引大量目光，成为坐拥千万粉丝的网红。

在这个全民视频时代，无论是以抖音、快手为代表的短视频，以B站以代表的中视频，还是以优酷、爱奇艺为代表的长视频，内容视频化趋势已经越来越贴近且愈发深入普通用户。还有一个不可忽视的短视频平台——微信视频号，也已经越来越多地被选择。

短视频、中视频、长视频这三者的区别：

从时间上来看，国内的短视频平台，对于短视频的限制大多数都在15秒至15分钟之内，也有人将其定义为1分钟以内；中视频的时长一直没有明确，而西瓜视频的总裁任利锋认为中视频的时长应该定义为1分钟至30分钟以内；最后是长视频，时长上的限定是30分钟以上。

从内容上来看，短视频的内容以娱乐向、生活向为主，大部分短视频的特点表现为简单、快节奏、注重创意；中视频的内容以科普、知识为主，相较于短视频来说，它的内容更丰富，能够完整地向观众阐述想表达的内容，内容质量、制作时间和专业要求相对于短视频来说较高；长视频的内容常见的就是综艺、影视剧等，对比上述两类视频，它的内容以剧情为主，有完整的故事主线，内容质量更好，制作时间更长，专业性要求也更高。

从生产者的角度来看，大部分短视频的生产者就是用户本身，即用户原创内容（UGC），制作起来花费的时间和成本相对较低；长视频的生产者更多的是专业机构（PGC），内容质量更高，制作的时间和成本也更高；而中视频介于二者之间，虽然是用户生产原创内容，但用户的专业水平相较于短视频来说会高一点，通常是专业用户生产内容（PUGC）。

从用户角度来看，短视频传递着碎片化的内容，用户不需要刻意腾出时间，能在较短的时间里，获取视频的关键内容，有可能随看随忘，而中视频和长视频往往需要找一个合适的时间和地方进行观看，需要投入更多的精力，视频内容能够较长时间地保留在记忆里。

基于上述短、中、长视频的内容生产特点，本章节将重点讲述短视频，以及中视频的代表B站的内容创作方法。优酷、爱奇艺、腾讯视频等长视频的内容涉及IP积累、内容创意机制、人才储备、行业关系等多方面的实力，在本书中对其内容创作暂不作说明。

第一节　短视频内容创作

一、短视频的工具属性

（一）传播工具

短视频是一个传播媒介，随着短视频平台在大众眼中和视觉中的占有比例越来越高，它已然不是一个简单的娱乐工具，而是越来越商业化的渠道和媒介，成为“传播零售一体化”的工具。

（二）社交工具

短视频的出现带来了真正的分享式文化，人们利用视频形式有选择地对自己的生活情景进行展示，改变了以文字为主的交流模式，带来了彼此陪伴、情感连通的参与分享式的社交方式。

（三）成长工具

短视频是个人成长的助推器，因为短视频的录制，需要录制视频的人面对镜头自信地输出内容，在拍摄、上传，以及与受众的互动过程中，倒逼自己站在用户的角度思考问题，在提升自己需求感知能力的同时，让自己的价值感不断提升。

（四）盈利工具

短视频是一个盈利工具，拥有平台补贴、知识付费、电商带货、接品牌方的软广告、账号交易、直播打赏等多种形式的变现手段。

到目前为止，短视频平台仍然有较大的发展空间和商业机遇，即使将来很多的红利注定要被专业化团队瓜分，但对于普通人而言，短视频仍然是一个很好的逆袭途径。

二、短视频在内容创作上要规避的4个“坑”

（一）大号“坑”

在短视频领域里，得流量者得天下。短视频新手不了解平台发展规律，只看到一些坐拥数百万甚至上千万粉丝的“大号”，享受着巨大的流量红利，就盲目地认为这些账号代表着市场风向，向它们学习就能迅速通向成功。

但是，事实并不是如此。这些短视频大号通常在短视频快速发展时期便已经成功地享有了流量红利。而且，短视频行业在经历数年的野蛮生长之后，行业流量增长放缓、用户留存难等问题逐渐显现。对于短视频新手来说，面临的市场背景变了，之前这些大号的运作套路和方法都不适用了。所以，向现有市场那些粉丝数量并不多但转化率高的账号学习更为实用。

（二）明星“坑”

抖音、快手等短视频平台的迅速发展，也吸引了众多明星的注意，他们纷纷入驻，将其作为明星发声的新入口，如抖音上的明星排行榜。

十几年前，我们获取信息的方式大多是通过“电视”“报纸”“杂志”

等传统媒介，这些传播方式被称为“中心化传播”。明星就是“中心化传播”的产物。但新媒体时代是属于“去中心化传播”的时代，明星在短视频领域的发展需要培养“去中心化传播”的能力。如果不能做到，那么他们自身的明星光环带来的高光流量对于普通的短视频作者来说就没有太大的借鉴价值。

（三）自嗨“坑”

有些短视频创作者喜欢将自己的兴趣爱好作为内容方向，但不要忘记短视频创作最重要的是要获得大众的认可，一切要以为用户创造价值为核心。你的兴趣爱好可能对用户没有吸引力，对于大众来说不一定能够形成有价值的输出。因此，短视频的创作者要认清现实，做视频不能只顾自己高兴，将用户的需求和喜好弃之不顾。只有找到自我表达和用户需求之间的交集，将自己想表达的观点以用户能够接受的方式呈现出来，用户才愿意看，视频的点赞才会更多。

（四）流量“坑”

虽然，在短视频领域，“得流量者得天下”，但是并不意味着流量越多，转化率就越高。因为，流量和转化并不能直接画等号。短视频平台的变现逻辑并不只是基于单纯的流量，而是基于你创造的价值。所以，只有深刻挖掘用户需求和痛点，为用户创造有价值的账号才能对用户有着足够的吸引力，提高转化率。

上述4个“坑”就是短视频创作的四大误区，希望初入短视频创作大门的新手能够选择正确的方向，避免走弯路。

三、主页设置

主页设置是短视频账号运营非常重要的一步，主要包括账号名称、头像与背景、个人简介、短视频封面和置顶内容等方面的设置。主页是机器识别账号类别的一个极重要的依据，如果主页设置不能让大数据介入并推送内容，就等于失去了一个免费宣传的好机会。所以，主页需要精心设计，要注意如下几点。

（一）账号名

一个好的账号名能够有效降低账号的用户认知成本和传播成本，更好地占领用户心智，应具有如下特点：

第一，突出标签化、技能化。账号名最大的作用就是建立个人标签，所以，需要有高识别度，让用户在第一时间通过账号名就可以知道你是做什么的，能够为用户创造哪些价值。为获得精准的用户画像，可以将具体功能添加到账号名中，增加账号曝光度，让用户搜索关键字时，就可以看到你的账号信息。比如，用户在某短视频平台搜索“美食”时，搜索结果就会显示出名字中带有“美食”的全部账号。在这里，需要注意的是，不建议使用鸡汤风格的语言用作账号名，如“感恩的心”“绿叶对根的情意”之类的名字会让机器很难识别出账号的目标人群及内容方向。

第二，凸显人格化。短视频作为社交工具，要满足用户多样化的社交需求，所以需要根据账号的内容定位和目标用户画像，尽可能设计一个能被用户喜欢的有温度、有情感的人格化形象，如“萌萌小哒哒”这个名字让人一听在脑海中就会浮现出一个可爱、软萌的形象。

第三，有趣味性。这类名字会更容易吸引用户，可以用“动词+名词”的组合，突出卖点，如“画萌娃”等；也可以用“形容词+名词”的组合突出特点，如“疯狂小杨哥”等。

（二）头像与背景

头像与背景是一个账号个人品牌的标识和符号，以及个人IP定位最直接的体现。为了给用户留下美好的第一印象，有如下建议：

第一，头像。

头像，说得通俗点，相当于品牌LOGO，为了吸引受众，头像应该做到色彩鲜明、图片清晰，最好可以与账号名相关联，风格统一。需要注意的是：文字类的头像不要超过6个字，避免用户看不清楚；对于真人出镜的账号，建议采用个人形象照作为头像，可以让粉丝产生信任感。

第二，背景图。

背景图的设置是为了给观众更多的信息，让他们能更加了解你，如何设置可以遵循以下两点。

引导用户关注：可以添加文字字样，如“点关注、不迷路”“谢谢你这么好看还关注我”。

重要信息放在画面中间：上传背景图时，尽量选一张宽高比为16：9的照片，因为上传时图片会自动压缩，需要拖曳图片才能使其全部呈现，所以，最好把想要表达的重要信息放在背景图中央的位置，如图所示。

绘制的示意图

这里需要注意的是，账号的背景图和头像需要体现账号人格化的特点，有利于机器在第一时间识别，所以要尽量避免使用局部、远景人像、杂乱的场景或动物图片，因为这些都很难被机器识别。还要注意避免使用硬性广告，不能出现违反国家法规和平台运营规范的内容。

（三）个人简介

个人简介相当于账号的“自我介绍”，是对账号定位的明确解释，需要阐述清楚三点：说明身份，即“我是谁”；体现自己的领域，即“我擅长什么”；说明功能（利益点），即“我能给你带来什么”。

如果有需要的话，可以在个人简介上写明视频更新和直播的时间，起到预热效果。需要注意的是不要使用网络上他人的个性化简介，也不要出现一些敏感词，如联系方式、微信、微商等字眼，否则容易使账号被机器屏蔽。

（四）短视频封面和置顶内容

短视频的封面要做到风格统一：

首先，需要确认短视频是横屏拍摄还是竖屏拍摄，就移动端的构图来说，竖屏可以更好地体现出交互感和亲切感。选择横屏还是竖屏取决于账号的内容定位，一旦确定风格，就要前后统一，千万不要在页面上出现横屏、竖屏混合的情况。

其次，短视频封面的设计标准：宽高比例为9∶16；支持格式为JPG；尺寸大小为720px*1280px；时间设置为1帧；图片清晰度越高，画面越清晰。

最后，封面的基本原则是画面清晰，账号内不同视频的封面风格要保持一致。如关于烘焙食物的账号，上面可以放上蛋糕、面包、曲奇等图片，因为它们都属于烘焙品。相反地，风格不统一的短视频封面看起来画面很凌乱，如美食类的账号上面既放美食图片，又放风景图片，还放服装图片等，这些不属于同一类别的事物放在一起就会不协调。

短视频的置顶内容也至关重要。被置顶的内容通常是你的高流量作品，这些高流量作品都是明确地和账号定位最匹配的内容，可以吸引受众对于这个账号的关注，获得粉丝的转化。使用置顶的条件有：账号要完成实名认证；个人主页的视频数（公开审核过）要≥10个；账号粉丝要≥1000人。

四、利用选题打造爆款短视频

选题是打造爆款短视频的核心要点，选题决定了视频内容的深度、广度，会不会受用户喜欢，是否能让用户自愿传播。用户真正感兴趣、想看的内容才是最好的内容。为此，我们需要了解打造爆款视频的5个要素、4个方法和3个要点。

（一）爆款选题的5个要素

1.热点

热点永远是追逐的对象。作为当下的热门话题，当所有人都在讨论它时，它在短视频平台上就一定会获得高关注度、高流量。其实，热点并不一定是特别重大的事情，而是能够引起公众共鸣的情绪和感受、共情度高的事件。所以，热点既不是蹭来的，也不是跟风来的，而是对公众情感共鸣的一种迅速捕捉。

比如，《孤独的美食家》里的五郎就是一个独特的“吃播博主”，他之所以能打动千千万万个观众，靠的并不是美食，而是孤独。孤独成了五郎最大的特色，体现在完全抹去的家庭背景，一个人的工作方式，漂泊不定的生活，甚至于他几乎从不两次踏入同一家餐馆，这份孤独感在观众内心深处荡起了涟漪，引起了情感共鸣——看似简单、无牵无挂的生活原来也要付出很大的代价才能得到。

2. 看点

短视频的创作者要明白一点：并不是所有的内容都适合视频化。爱听故事是人的天性，一个内涵丰富的好故事，有情节、有反转、有惊喜，是有看点的精彩内容。

比如，短视频《君子报仇五十年不晚》里，一开始中年男子就对白发苍苍的母亲说："今天必须把你送到养老院。"老母亲听了拼命地摇头。我们正要骂儿子不孝时，儿子接下来的话让我们知道原来错怪他了。儿子对母亲说："不去养老院，那还吃剩饭吗？还排队去领鸡蛋吗？以后听话吗？"反转的情节让这个视频在观众的心目中留下了深刻的印象。

3. 情绪点

好的选题一定是带有情绪点的，能够激发所有人对于一件事情的共鸣。

比如，2021 年初很火的一部影片《你好，李焕英》就达到了这个效果。自放映以来，这部影片就长时间占据热搜话题的榜首。影片以母女情作为共情的利器，与观众建立了强烈的情感纽带，让大家在观看影片的同时，也将自己、自己的母亲、自己的孩子代入其中，引发无限共鸣。不少人回头还会再看第二遍或第三遍，为的就是重温这种情感体验。

4. 爆点

爆点是指情感就像火山喷发，达到高潮的那一刻。比如，网红小男孩"钟美美"在视频里模仿老师上课，将老师的神态、语气、语调拿捏得死死的，给观众带来一种很强的代入感，看的时候觉得很过瘾，能跟着钟美美的节奏或笑或怒。这就是爆点的魅力。

5.槽点

槽点能引发观众的充分讨论，引发互动交流。比如，雷军因为一曲《Are you OK》“唱”红了B站，成为一名“鬼畜明星”，他浓重的仙桃口音的英文成了视频的槽点。

（二）选题打造爆款视频的4个组合法

1.组合法1：捕捉热点=多关注+去粗取精

方法1：短视频创作者要培养自己的职业敏锐度，每天查看所有社交网络平台上的热点新闻、热点话题，特别要关注那些由普通人发起、拍摄的，能够引发大家高度关注的话题。从这些平台筛选出一些热点后，再契合自己的视频定位，加以调整，形成一个热门产品。

方法2：短视频创作者要多研究短视频平台上的热门话题，要重视抖音、快手等平台上的视频标题带有“#”符号的一行文字，看它是不是高流量作品，如果是，就把前面所讲的爆款选题的5个要素摘抄下来，进行归纳总结，再结合账号的定位，打造一个热门产品。

方法3：短视频创作者可以直接搜索抖音热搜榜上关注度比较高的话题。

2.组合法2：差异化内容=紧跟热点+自身看点

优质的短视频内容除了紧跟热点外，还应包含视频自身的看点，将两者进行最优结合，优化产品定位，做出有差异化的内容。

比如，2018年，随着《北京女子图鉴》《上海女子图鉴》的热播，天猫借助女子图鉴的热度，发布了一支广告《新鲜女子图鉴》，讲述了女子一人在城市辛苦打拼的过程中是如何保持新鲜生活的故事。

天猫在这个短片中，表达出一个核心观点——女性要保持新鲜，首先要有新鲜的生活，并将这种生活哲学最终落地到了“从喝一杯新鲜好奶开始”，用一杯牛奶的新鲜程度来象征女性生活的质感。整个视频既紧跟了热点，又输出了自己的观点，从而收获了观众的好评。

3.组合法3：观众兴趣点=热点话题+看点+情绪点

“热点话题+看点+情绪点”的组合，一定是让观众看了觉得有趣、开心的内容。比如，2020年防控疫情期间爆红的一首神曲——《假期妈妈》，就属于这类。其用魔性的歌词，丰富夸张的表情演绎，让无数网友在视频中找到了自己“亲妈”的身影，在评论中高喊“同一个世界，同一个老妈”。截至2020年2月24日，《假期妈妈》的视频在抖音上获赞510万，播放量高达1.2亿。

4.组合法4：爆款产品=热点+看点+情绪点+槽点

“热点+看点+情绪点+槽点”的组合，让爆款产品产生的概率提升很多。

比如，“2020我们正发光”大学生原创短视频大赛最佳创意视频奖《小丑面具》，用“提现木偶”来解构“强迫社交”这一生活中普遍存在的问题，“明明内心很抗拒，但碍于面子等世俗观念，强迫自己参与”，表达了“拒绝不喜欢的生活，遵从内心”的主题，“热点+看点+情绪点+槽点”俱全，容易引起人们的共鸣。

（三）打造爆款短视频的3个要点

1.第一个要点是破圈

“破圈”指突破自己专业技能的小圈子，让视频产生热点和看点。

比如，《界外》是网易体育首次打造的体育明星短视频访谈节目，仅上线何雯娜、冉莹颖的两期专访，全网播放量就超过3000万。它的看点就是，打破了体育类访谈节目只围绕运动员从事的项目，只关注于比赛及训练故事的局限性，而是从体育中的“人”出发，探讨体育对人的影响，做到了突破体育垂直圈层，还原体育人最真实的喜怒哀乐，聚焦于人物的生活与态度，引起了广大受众的兴趣，从而获得广泛关注。

2.第二个要点是降维

“降维”指放下身段贴近用户，找到我们和受众情绪之间的连接点。

网易沸点工作室《谈心社》推出的杨紫专访单期视频，节目引发的话题讨论“不再发朋友圈的原因”霸屏热搜近一天，最热排名高居第5位，热搜话题阅读量近6亿，互动讨论量近8万人次。节目里杨紫坦然展现出童星出道背后鲜为人知的压力面，在谈心的过程中，让更多观众了解到杨紫及许多同她一样身处聚光灯下的明星们的疲惫与紧张，所以观众看完视频后，愿意就我们发起的话题进行探讨和分享，从而引发话题的热议。

3.第三个要点是终结

“终结”指要用一个最优质的创意和作品，形成爆点和槽点，引发互动，让话题热度越来越高。

短视频节目《陈翔六点半》里的小视频《又是跟老板勾心斗角的一天》，就是一个反转不断、爆点槽点频现的作品。视频开头，员工小明和同事对公司长期不涨薪议论纷纷，等老板来了，小明就走上前，把一袋嘉兴肉粽塞给老板（嘉兴与加薪同音），暗示老板加薪，老板见招拆招，叫秘书给他泡了一杯黑咖啡，还特意强调什么都不加，一举挫败了小明的加薪计划……小明和老板来回“斗法”，直到小明拿出辞职信塞到老板手中，不料门口来了一个求职的男青年，对老板说只要两千元就行，毕竟现在工作不好找。小明见状，忙从老板手里抢过辞职信一把撕碎，对老板说待遇照旧。视频快结束的时候，老板在办公室夸奖小明及求职的男青年表演得逼真。这时，观众才恍然大悟：原来小明和男青年都是老板的托儿，老板为了不让员工对薪水有意见，竟然来了这么一招！

这个小视频的创意充分反映了现实的职场生态，覆盖的群体范围很广，选择的话题也具有广泛性，爆点、槽点不断，所以更容易取得效果。

五、爆款短视频的标题制作

给短视频起一个好标题，能激发大众强烈的认同感，点赞数也会因此攀升。这里给大家介绍几种取标题的方法。

（一）疑问法

用疑问法起标题可以引起观众的兴趣，如“不公开的爱情算不算爱？”以疑问的呈现方式，来带动观众情绪，提升互动率，比陈述句式的标题更能吸引观众，传播效果会更好。

（二）数字法

标题中出现阿拉伯数字，能与文字形成视觉上的对比，使标题更吸睛，如“喜剧小品入门66招”等，用数字给用户提供直观的有用信息。但需要注意的，在用这种方法起标题时，要注意内容与数字的关联程度，如果内容中有数据，就可以考虑数字法。

（三）热词法

视频内容创作者如果能做到及时关注抖音热搜中的热点，关注社会新闻，适时地在视频作品中引用热词、热点等，能够提升视频热度。

比如，天猫在2018年策划的短片《新鲜女子图鉴》，正值影视剧《北京女子图鉴》《上海女子图鉴》热播，“女子图鉴”成为热词，被天猫捕捉运用到标题中，成为提升热度的一种方式。

（四）俗语法

俗语是民间流传的通俗语句，包括谚语、口头禅等，用这类句子作为标题，接地气，可以达到引人注目的效果。比如，抖音号“这是TA的故事”里的一期视频标题《心比长相好，情比爱重要》，用大白话道出了生活真谛，直击观众心扉。

（五）设问法

视频内容创作者在标题中故意设置疑问，再通过视频回答出来，通常会形成意想不到的反差效果。

比如，博主“争气的pp”的一条视频的标题是《对普通女生说“不”，对绿茶该说什么?》，答案在视频中：对普通女生说“不”，对绿茶该说“滚”。这就能够激发观众的兴趣，带动观众情绪的同时还能引起评论区的互动。

（六）电影台词法

经典的电影台词是经过实践证明的流行金句，将与视频内容沾边的金句用作短视频标题，自然具有吸睛的效果。

比如，将电影《左耳》的经典台词“爱对了是爱情，爱错了是青春”作为情感类短视频的标题，文字中透露出的伤感和遗憾就很能触动人心。

（七）好奇法

好奇是人的天性，如果一条短视频的标题能引发观众的好奇心，为寻找答案，观众会不知不觉地看完整条视频。比如，法国摄影师Laurent Laveder拍摄了一系列人与月亮互动的摄影作品——《月亮游戏》，用

"看，这个人在地上种月亮"做标题，仿佛在陈述一件看似不可能做到的事情，能够引起用户强烈的好奇心，从而产生"想搞清楚是怎么回事"的心理。

还可以采用在标题中将相对立的词汇放在一起的方式，如郑强的"现在谈恋爱，男生都这么脆弱了？"这类营造反差感的标题，往往会引起用户的好奇。

（八）对比法

标题与内容形成对比，会带来原本视频内容达不到的效果。比如，以"能给你带来快乐的不一定是爱情"为标题的作品，其以一只泰迪狗跳舞为视频内容，将狗狗跳舞与爱情联系起来，触动了观众的情绪，收获了超过242万的点赞数和9.5万的评论数。

（九）唤起情绪

情感类短视频创作者使用一些情绪化的字眼，如"柔弱的内心""暖心""泪目"等，可以唤醒用户的感性心理，自然抒发自己的想法或心情。比如，"仔细聆听，是否触动你柔弱的内心"的标题，暗示视频里有刺激情绪、唤醒情感的内容。

（十）角色带入

在标题中直接锁定目标群体是这类标题的一个特点。运用这类标题的视频需要内容输出与标题中锁定的群体相契合，如"打工人"与"职场"等。

比如，当看到"打工人的痛，不止是穷"的标题时，用户会快速把自己定位到这些群体中，从而引起共鸣。

六、爆款短视频内容结构特点

（一）黄金3秒

短视频能否吸引住观众，在短短的3秒里就能决定。如果3秒内没有吸引到观众，这条短视频往往就不会被推荐到更大的推荐池中，流量只会越来越少。

那么，如何在3秒内就吸引住观众呢？

视频开头可以用矛盾冲突展开，如被公序良俗所不容的行为（在高铁上将手机声音外放打扰他人，一人霸占两个座位等）引发的争吵等；也可以用意想不到的反转带给观众惊喜。

比如，法国情人节创意广告，时长只有1分多钟，但内容却很吸引人，原因就在于出其不意。街头新搭建了一面广告墙，贴着一个长着浓密胡须的男子的海报，当一对对热恋中的情侣走上前，拔出一根根“胡须”，露出欣喜万分的表情，这时我们才发现原来那一根根“胡须”却是一支支火红的玫瑰。这个绝妙的创意真正做到了每1秒都将观众的注意力快速吸引过来。

（二）2～5个爆点

每个爆款短视频一定要具备2～5个爆点。比如，有这么一则短视频，讲的是一个坐在街边长椅上的老太太不小心碰倒了倚在椅子上的拐棍，拐棍滑到了街道上，她行动不便，开口向旁边站着吃巧克力棒的大男孩求助，希望他能帮她捡一下，大男孩答应了，但只是嘴上答应身体却不行动（爆点1）；无奈之下，老奶奶只好拖着行动不便的腿站起来，离开长椅，走向街道，没想到长椅背后一栋建筑物的某个窗口突然落下一个体积庞大的杂物，一下子就把长椅砸烂了（爆点2）；惊魂未定的老太太意识到自己捡拐棍才躲过这一劫，向身旁的大男孩道谢："谢谢你什么也没做。"男孩耸耸肩，不以为意地笑着说："不客气，夫人。"（爆点3）这个短视频用了3个爆点，每个爆点都在人们的意料之外，结果却展示了"什么都没做却救人一命"的主题，富有哲理意味。

（三）白金结尾

短视频的结尾也很重要，常见的有如下几种。

第一种，互动式结尾：视频结束时和用户互动，问一下用户有没有类似的经历。

比如，一个关于和前任男(女）朋友的爱情故事的视频，可以在结尾处问一句："你有没有一个念念不忘的前任？"这会引起用户的共鸣，在评论区里引发关于前任的种种讨论。

第二种，共鸣式结尾：在结尾处放一句特别容易产生共鸣的句子，吸引用户转发。

如祝晓晗的视频《脑瓜子是不是嗡嗡的》，内容是她爸妈吵架，爸爸说别人三缺一，赶紧出门赴会了，妈妈拿出手机问朋友他们在哪个KTV，也匆匆出门了，只留下祝晓晗一个人在家，她黑着脸说："果然是我太年轻了。"这个视频的结尾很能引起用户共鸣，评论里很多都在说"论爸妈的套路"。

第三种，反转式结尾：以出其不意的结局引发用户思考。

比如，有一条讲述亲情的短视频：在一个国外的公交站台，一个老年男人坐在长椅的一头，另一头坐着一个怀孕的中年女人，老人絮絮叨叨地对女人说东说西，女人很有耐心地听着，最后公交车来了，女人冲老人喊着："爸爸上车了。"这时，我们才明白原来老年人患了阿尔兹海默症，忘记了女儿的模样。结尾处，一个称呼就完成了剧情的反转，升华了视频的主题。

七、留言区的互动不可忽视

留言区是短视频作者与观众及观众之间交流互动的空间，如果把握好了，可以引起观众情感上的共鸣，创造吸粉的好机会。

所以，短视频内容创作者要重视评论区与粉丝的互动，可以利用自己有特色的评论来确定自己的人设，让大家记住你，对你感兴趣，从而愿意去关注你。比如，抖音上喜欢给美女点赞的“任青安”有着“美女鉴定机”称号，他会在自己点赞的视频下评论“我已经关注你了”这样的话，时间长了，就在用户心中确定了他的人设，从而实现增粉。

另外，有的短视频内容创作者在账号初期没有得到那么多粉丝关注的时候，会自己在评论区评论，“带带节奏”。比如，悬疑类的视频账号在发布视频后，视频创作者自己在评论区发一些评论，比如“谁能帮我解释一下?”会吸引一些用户来答疑解惑，让评论越来越多。

综上，短视频的内容创作和前文所说的图文创作、音频创作一样，不是一蹴而就、轻而易举就能掌握的技能，所以短视频内容创作者在思想认知上要突破固有的思维定式，不能将短视频看作一个娱乐工具（娱乐工具可以带来流量，但很难发生即刻转化），更不能把短视频当作记录生活的工具（可能对观众没有意义）。短视频的内容创作者要用创作者的心态来认真对待创作，将短视频视为一个高效传递信息的媒体产品，通过它向更多的人创造和输出价值，以此来勉励自己做出好作品。

链接： 随着越来越多的人入局短视频，短视频平台的流量红利也日益见底。在这种背景下，短视频内容要想脱颖而出，必须一手抓优质内容，一手进行有效的运营推广策略。这对短视频的内容创作者提出了更高的要求：不仅要学习、吸收成功账号的有益经验，还要在实践中摸爬滚打，探索出短视频行业的规律和突破点，实现产品的不断迭代，以满足用户不断增长的需求。

第二节　B站内容创作

一、B站内容特点

B站是中长视频平台，类似 YouTube，日活跃用户 6500 万，月活跃用户 2.37 亿。在B站视频的权重上，中长视频>短视频，而中长视频看重的是内容质量。所以，B站内容创作的核心要义就是输入的内容质量要高。

《2020年哔哩哔哩专题研究：YOUTUBE启示、社区框架、业务拓展、竞争优势、商业变现》报告显示：目前，从B站的高热内容播放量分类别统计上，能够清晰看到公司已经基本完成了第一步“从二次元到年轻人社区”的破圈。研究先是选取了各个分区的各个时期Top100的内容分析点击量情况（只能获取截面数据，但假定大部分内容的点击量都是上线后的1个月内发生），按照其投稿分区进行分类，得到了B站内容各个分区的高热点击量的时间序列。然后，选取几个典型分区，看时间序列上的变化。

1. 国创、剧番

番剧主要指从日本引进的动画，2015年初播放量占比达到20%以上，随后一路下滑，2019年年初占比已不足10%；国创则在2015年年初播放量占比仅为2%左右，在2017年年中逐步上升至8%左右，随后又逐步回落至3%左右。

2. 生活

生活区当前为B站播放量第一大区，占比在2019年年初达到了22%以上，2015年年初仅为8%左右，2016年播放份额稳定在10%以上，随后在2017年年中之后正式稳定在20%以上。

3. 游戏

当前为B站播放量第二大区，播放份额保持在15%左右，值得一提的是，B站是为数不多2015年以来播放份额占比变化不大的分区，2015年年初即在10%～15%之间波动，2017～2018年一直保持在近15%的状态。

4. 影视

影视代表的是B站偏向PGC内容的流量，从2015年初约为3%左右，逐步上行，并且从2018年开始随着B站的版权采买数量份额的上升而得到了大幅度的提升，目前播放量占比已经突破了10%。

5. 时尚

这一分区主要代表垂类内容的播放量占比，垂类内容在2016年之前基本没有生长的土壤，在2016年之后逐步成长，并在2017年底迎来了大爆发，如时尚分区播放量占比已经接近4%。

总的来说，我们可以看到B站内部偏向于二次元内容的消费频次比例在下降，游戏内容保持稳定，PGC类别的内容一直处于上升的状态，而生活类、垂类内容目前已经成为增长的核心动力，生活区的播放量占比更是达到了20%以上。

二、B站UP主生态和分区内容的良性互动

B站用户体量大，UP主成为更多内容作者的主攻方向。

从UP主的结构来说，B站除了追求UP主的内容生产数量之外，还在尝试建立起更加平衡的UP主体系；从分成来看，B站的UP主在50万粉丝以上就可以被划为头部主播，肩部、腰部和长尾UP主的标准分别是20万粉丝、10万粉丝和10万粉丝以下；从定位上说，长尾UP主数量最大，主要负责生产外围内容，腰部和肩部UP主主要在各个细分圈层里面进行渗透，生产该领域的头部内容，而头部UP主能够形成强势曝光，是全站高热内容的最大来源。

B站在打造良性的UP主结构的时候主抓两件事：

第一，是不断拆分类目让各个垂直领域的生产者获得成为细分领域头部UP主的机会。

第二，是通过不断优化算法，让UP主与相应受众能够精准匹配，最终形成一个头部效应不明显的、保持UP主流动性的社区。

拆分内容的类目除了能够让UP主生态更加繁荣，也有助于通过辐射边缘内容吸引更多的用户。用户因内容才能对社区产生强烈的归属感和认同感，B站视频根据内容分区展示，确保B站用户能够找到自己感兴趣的视频内容，而分区一旦做大就可以拆分为更加细的分区，精准满足细分需求。

B站对于内容的拓展正是通过不断拆分内容分区的类目实现的，当前，B站已经形成了14个一级分区（动画/番剧/音乐/国创/舞蹈/游戏/科技/数码/生活/鬼畜/时尚/广告/娱乐/影视）和78个二级内容标签（连载动画、完结动画、资讯、电音等）。

三、B站视频主页设置

（一）完善账号信息

做得好的B站UP主都有符合自己的简介，符合自己风格的头像。

第一，账号起名字，建议起有特点的名字，让别人一看就知道是谁，如“老师好我叫何同学”，既突出个性，又简短好记，让用户更容易记住。

第二，头像最好设置成人物照片，就是有一个具体的形象。设置好头像后切记不要再去更改，这是形成品牌的一种标识，也可以自己设计LOGO，但需要避免做成营销号。

第三，个人简介，有如下几种设置：彰显个性的口号、联系方式、引流广告。

（二）封面图+标题

视频封面图与标题，是让用户是否有点击欲望的关键。

（1）封面基本规范：封面有字且能看清，重点突出，排版整洁。

优质封面建议：封面有文字，主题击中痛点；手机上能看清文字，加粗横版最佳；文字不要写在最下面，会被遮挡；背景清晰，重点突出，忌花哨，勿用白底；有前后反差，有视觉冲击更佳，如“学生党看过来！50元帮你配齐开学必备文具！”

（2）标题基本规范：文案吸睛，重点前置。

优质标题建议：重点内容写在标题的前18个字内（APP首页显示限制字数）；标题突出视频主题、重点，需要权衡系列名、品牌名和标题内容的权重，应以抓住眼球为第一目标，如果系列名、品牌名不长，可以放前面；标题有趣吸睛，直击痛点，带热梗最佳/用问句句式开头/切入点接地气/带数字，如“28天怒瘦10斤，练出腹肌！”。

四、B站爆款视频选题的基本原则

B站转化率较高的、创作经验丰富的UP主“搜罗”认为爆款选题要具备三个特点。

（一）受众足够广

也就是有足够多的人喜欢看这类内容，如娱乐头条（追星男女、普罗大众都爱看）>宅舞（受众对象多是男性）>知识信息（只有少数人喜欢思考）。

B站视频播放量排行榜排在第一的就是娱乐类的节目，如“猛男版”新宝岛播放量达1.3亿，排在第一名。基于此，在B站做内容时，确定选题或选择赛道，首先要思考做的内容属不属于受众足够广的类别，如果不是，会想办法把内容往这个方向靠。

比如，B站上受欢迎的罗翔老师讲法律出圈了，如果你去看罗翔老师的账号，就会发现，单纯讲法条的话显得干巴巴的，根本没有人喜欢看，恰巧法律领域有很多奇葩的犯罪案例，如小偷报案，说有一家人藏有毒品，这样就把法律内容揉进大众感兴趣的事件中。罗翔老师讲解的案例也大多属于这类。

（二）满足用户的吃瓜心理

罗翔老师讲法律知识，为什么有这么多的受众，一大原因就是他讲的案例话题性十足，像“一个大男人用丝袜堵住空气质量监测装置，这犯了什么罪”等，能满足人的猎奇心理。

（三）有足够的矛盾点、冲突点

比较容易出现大的矛盾点和冲突点的事情，一般有以下几类：与人们的认知相悖，如性别互换等；明星等公众人物超越道德底线的八卦事件，如婚内出轨；超越人伦道德的事件，如徐州丰县8孩母亲事件等。

虽然，热点选题是各平台不容忽视的选题来源，但盲目地追热点并不可取，因为热点的时效性短，过了这个时间段，大家就不看了；而且，并不是所有人都知道热点，受众群体有限；在热点有效的时间内赶制视频，通常做出来的视频内容质量并不高。B站长尾效应不错，几年前的内容到现在可能仍有催更。所以，只要内容具有长期价值，就不会失去竞争力。

关于找选题来源的资料，可以考虑从图文平台去找素材，如微信公众号大号、知乎上的爆款文章，因为这些文章都是被实践证明了的受众喜欢阅读的内容，大方向不会出错。

五、爆款视频内容打造

我们以B站的“新人”UP主天才小熊猫的作品为例，说明一下爆款视频内容是如何打造的。

2021年2月，天才小熊猫进驻B站，在一年的时间里，天才小熊猫只发布了8条视频，每条视频播放量都是好几百万，B站粉丝数直接冲到了200多万，堪称B站“新顶流”!

他上传的第一个视频《千万不要随便染头发啊》，播放量就高达800万，全网播放量超过2亿，当日涨粉20万，成为“日涨粉冠军”。

他是如何做到的呢？他的作品具有如下特点。

（一）“千万不要”系列：故事+段子

天才小熊猫以“故事+段子”的模式，从一件生活的小事作为起因，展开后续匪夷所思但又啼笑皆非的故事。

比如，《千万不要随便染头发啊》的故事起因，是小熊猫经常去剪头发的理发店要倒闭了，但充值卡上还有1000多元没有用掉，在老板的建议下，小熊猫决定染个发。小熊猫在看了染色效果图之后，决定染个蓝色的头发，但没想到这个蓝色太雷人了，连小熊猫自己看了都惊出一身冷汗。

作为染发失败的补偿，理发店老板把店里的灯送给小熊猫。回到家以后，小熊猫挂在闲鱼上卖。但没想到的是，他晚上陪孩子睡觉，关灯以后，头发竟然开始发光！原来是染发剂添加了荧光物质……他接受邻居的建议，将大蒜捣碎抹在头上，没想到最后头发从发蓝光变为发绿光……故事的结尾是小熊猫头顶蓝发（晚上发绿光）在北京街道，凄凉地骑着三轮车……

天才小熊猫的其他故事也一样，几乎都是以一件平常的生活小事开头，但事件的结果总是出乎大家的意料，却又十分合理，“反转再反转”；而发展过程，也是笑点频出，高潮不断。

（二）构思精巧的叙事安排

天才小熊猫产出的内容，无论是图文还是视频都非常长，但他总能通过构思精巧的故事线，让用户读起来毫无负担，顺畅地读完。

他创作的故事往往都具备“起因—经过—高潮—结尾”的结构。而且在每个环节都有1～2个笑点，引起一波小高潮；同时，前一个环节总是为后一个环节作铺垫，由此来吸引用户不断往下看。

以“染发的故事”的叙事逻辑线为例。

起因：理发店关闭，为花光卡上1000元的会员费，尝试染发。

经过：在染发的过程中，选择了蓝色，没想到这个蓝色的效果与预期不同，便向理发师“索赔”，想带走一个吹风机，理发师给了他一个理发灯（笑点）。

高潮：回家后，将理发灯挂到闲鱼上卖，夜深了才发现染的蓝发竟然在夜晚会发出荧光，影响孩子休息（笑点），邻居建议用大蒜洗头去掉这种荧光物质，没想到他照做后头发变成绿色。

结尾：闲鱼上有人提议用一辆二手车来换他的理发灯，本以为可以换一辆自行车，可结果才发现是一辆三轮车（笑点），于是，他白天顶着蓝发，晚上顶着绿发，在北京的街头骑着三轮车出行。

（三）在细节处着眼

天才小熊猫在创作中很注重细节，在《千万别欺骗孩子》这篇图文里，家里的孩子想养猫，但老婆怕猫，他为不让孩子扫兴，就自己用毛毯套在扫地机器人上，发明了一个新品种，叫“滑猫”。为了让孩子信以为真，他做了许多工作，如特意做了“滑猫”科普视频、滑猫专用猫粮，甚至还注册了一个新域名，连夜开发了新网站叫“猫咪百科”。这样完美的细节处理方式，让新粉丝感觉特别新鲜有趣，老粉丝则乐此不疲地找亮点，大大提升了粉丝活跃度。

（四）巧妙埋梗，内容互动性强

天才小熊猫给自己视频引流的手法特别巧妙，不是平铺直叙地告诉观众视频里有什么，而是让观众自己发现他的下一个视频里有之前视频里出现的物件，或者之前视频里提到的内容在下一个视频里能找到后续。

观众只要看懂一个梗，很自然就有兴趣看完其他的视频，或者去微博“考古”，不仅能给视频引流，还为自己的微博账号引流，手法极其巧妙。

比如，天才小熊猫的视频《千万不要把沙发改装成马桶》里提到，他把沙发改装成马桶失败后……最后竟然变成了放在“北京798爱马思艺术中心”展览的艺术品。有网友到798去求证，发现他在视频里提到的艺术作品，还真就放在那个位置。

（五）IP人设“接地气”

天才小熊猫创作的故事，一直都是以第一人称视角来撰写，同时还给自己立上了“怕老婆”“爱孩子”的中年男人形象，他的很多作品都是以给孩子做这做那为由，来展开故事。

他的段子里，还经常出现隔壁邻居、公司同事、便利店员工，这些都是我们平常生活中经常遇到的人。所以，网友们在看他的内容时会非常有代入感，能产生共鸣。

（六）剪辑

用户非常在意的就是视频有没有跟着感觉走。什么是感觉？

首先，音画匹配是基本原则，很多播放量不高的视频，基本上存在音画不匹配的问题，视频是视频，音频是音频，自然不能给用户带来良好的观感。

其次，体现节奏感，剪辑时需要不断地切换画面，不要让一个画面停留太长时间，确保视频的节奏跟着声音节奏走。

再次，尽量不要用静态画面，因为静态画面超过1秒，用户就开始走神了，然后可能会决定关掉这个视频。

最后，画面尽可能明亮，不要很黑，画面效果不好，用户如果看不清就不想看了。

另外，耐心和细心是剪辑的重要原则，有时候一天才剪辑出来1分钟的视频，这个就很考验耐心了，但只要坚持下来，就离成品不远了。

总之，B站视频的内容输出，要做到深入浅出，专业的内容用娱乐化的形式表达；剧情要有反转；能够让用户有所得，即内容是否表达清楚了核心主旨？是否将目标信息清晰地传递给了用户，让他们从中有所收获？其实，“用户有所得”不一定是他从你的视频里学到了什么知识，从你的视频中感受到快乐，也是有所得。

六、怎么涨粉

（一）提高弹幕互动

弹幕，是B站较之其他视频平台的重要特色之一。用户喜不喜欢你的内容，从弹幕上就可以马上看到反馈。正向的弹幕往往能给UP主以鼓励。UP主也可以借助弹幕这个优势，引导粉丝参与讨论，提高视频的互动性。

（二）提高评论

第一，在视频结尾处引导用户参与评论。比如，“下一期我们准备了三个选题，你最想看哪个呢？在评论区留下你想看的内容吧”。

第二，置顶神评论并进行回复。互联网是个段子手众多的地方，有趣的评论可以提升视频热度。

短视频之所以能够被大众所喜爱，成为当下最受欢迎的信息获取通道，除了自身特点之外，用户在评论过程中能够参与其中，产生内容，共创体验，也是重要原因。

第三，社群运营。

比如，科技类、摄影类等专注于干货分享的账号，吸引的都是学习目的比较强的粉丝，黏性高、互动性强，喜欢参与讨论，对于这类粉丝，可以组建社群，以微信群、QQ群的方式，对粉丝进行维护，保持联结。

第四，引导“一键三连”。

“一键三连”是B站弹幕网推出的支持UP主的一种方式，指长按点赞键，同时对娱乐作品进行点赞、投币、收藏。

对于用户来说，愿意给你“一键三连”，往往出于以下几个心理：认同你的内容；信息对他有用；结局出乎意料；觉得你很牛。用一句话概括就是，你的内容足够好。

这里需要提醒B站视频内容创作者注意的是，不要在视频开头、中间、结尾处，不断地重复“喜欢的朋友，记得点赞、收藏”之类的话语，因为这很影响视频内容的连贯性。

按照用户的观看习惯，“讨赏”最合适的时机，应该是在视频结尾处，因为点赞行为是看完视频后，用户对视频的内容进行判断后才产生的动作。

七、B站短剧

2022年春节，B站推出了“B站小剧场新春大放送”的短剧特别栏目，同时以主持人“小剧场台柱子”为核心，串联起各UP主进行短剧创作。

B站小剧场具有3个特点。

（1）小剧场首先离“网红”风格较远，整体内容调性延续了UP主们玩梗或拍段子的社区传统。

比如，UP主“狈总”在B站拥有近170万粉丝，他创作的“狈总的生活”系列作品在新春大放送热播短剧页面位列第二。他的作品具有以下几个鲜明特点：从2020年10月入驻B站起，狈总创作的视频就以含梗量极高的竖屏短剧为主；单集时长保持在1～2分钟，涵盖荒岛求生、男女约会和职场潜规则等话题；狈总还会持续更新Vlog系列以满足用户的观看需求。

从常规选题策划到花絮创作，在B站做短剧的UP主身上，我们往往能够看到一个个特色鲜明、内容丰富的创作个体。这一内容类型的峰值代表，是2020年2月以《一块劳力士的回家路》破千万播放量而彻底出圈的UP主“朱一旦的枯燥生活”。小剧场将这些短剧创作集合起来，一步步充实了更为广阔的内容容量。

（2）B站小剧场以UP主为核心，把大学生活、功夫片和山野志怪等在短剧领域略显猎奇的内容都囊括在了自身短剧的范畴之中。

比如，轻剧场的代表作品《夜猫快递之黑日梦》，就是以单集10分钟、共13集体量的单元剧方式，讲述了13个颇具猎奇感的悬疑故事。在这些故事的编排当中，反转、脑洞甚至于黑色幽默的创作手法被大量使用，而在一则则“都市寓言”背后，实际上展示的是有关人性和价值观等社会话题的探讨。

（3）B站小剧场其实在较多时候担任了渠道分发的角色，如papi酱的周一推送、米读小剧场和刘大悦er等在全网各平台拥有一定量粉丝的创作者，同时也选择把短剧类的产品搬运至B站推送。

UP主的原创能力和平台的分发能力，是B站在短剧领域独特的竞争力。目前，以UP主自发更新为核心的小剧场系列，在商业变现方面仍旧过分依赖站内运营。小剧场是不是短剧、能否带有广告性质，或怎样由平台统筹运营，是B站在解决短剧商业化的同时，需要思考的另一重问题。

链接： 当前，B站主要用4大计划激励UP主。一是充电计划，即让用户针对单个视频内容进行打赏，B站抽取30%的渠道费，剩余部分归视频生产者；二是绿洲计划，指平台会帮助UP主在站内外接到商单软广，目前内部的商单系统已经开始测试、试行，有望帮助品牌广告主和UP主直接对接；三是流量分成计划，则是指UP主在上传视频后，公司通过站内广告赚到的收入拿出部分按照播放量补贴给UP主，粉丝量超过1000或者累计播放量达到10万的UP主可以申请；四是分成悬赏计划，即UP主可以申请在视频下方打开购物直通车关联商品，粉丝下单购买后，UP主可以按照CPS进行分成，但这一激励政策的门槛较高，一般是以MCN运作的UP主申请悬赏计划的居多。

第六章

新媒体直播内容创作:专业塑造价值

互联网直播的火爆,让我们见识了数字化营销的巨大威力。一分钟卖空15万件商品,一场直播卖出近48万只唇釉,一个直播间一天成交额过亿……直播带货作为一种高效引流转化的渠道,已成为当下最火热的销售模式。但是,“直播带货”带的仅仅是“货”吗?不,它带来的是全新的、参与感极强的用户体验,它重新定义了购物形式,创造了更简单、更便捷的购物体验。

直播作为一种视频信息的传播形态，起源于2005年，爆发于2016年。期间，直播战场由PC端转向移动端，直播内容由单一的秀场直播向电商、体育、教育、社交等多领域渗透。

第一节　直播是什么

一、直播的发展历程

直播1.0阶段（2005—2011年）：以PC段直播为主，分为聊天室模式和演唱会模式，直播内容单一，以秀场直播为主。

直播2.0阶段（2012—2014年）：依旧以PC端为主，直播内容逐步丰富。除秀场直播外，游戏直播开始上线。

直播3.0阶段（2015—2016年）：直播由PC端转向移动端，期间大量创业者涌入，上演“千播大战”的场景，由秀场直播演变而来的娱乐直播平台获得发展。同时，直播电商也正式上线。

直播4.0阶段（2017年至今）：以移动端为主，政府对行业进行规范整顿，行业格局从“百花齐放”向“巨头争霸”过渡，流量、主播和资本开始向头部平台聚拢，直播电商获得爆发式增长。直播内容渗透到电商、体育、财经、教育、社交、音乐等各个领域。

二、2016—2021年的直播

（一）直播萌芽期

2016年是直播电商的发展元年，同年3月，蘑菇街上线直播功能，是第一个把直播引入电商带货，逐渐成为一个“直播+内容+电商”的平台。

2016年4月，淘宝直播正式上线，平台签约了一批“淘女郎”做主播。淘宝直播有货品（服装、美妆）优势，有流量倾斜（用户大部分是女性），有“淘女郎”做直播，很快初见规模。据官方数据，2016年，淘宝直播有超过10000名主播入驻，120家机构签约，推出了70余档PGC栏目，完成65万场直播，服务80万商家，用户观看时长累计1.4亿小时。在淘宝直播迎来繁荣之后，更多平台开始入局。

（二）直播初露头脚

2017年到2018年，快手和抖音先后加入电商直播，虽起步比淘宝晚，但靠着下沉市场吸引了大量斜杠青年，孵化出辛巴、散打哥等一众明星主播，一跃成为淘宝之后发展起来的直播电商平台。

（三）直播发展成势

2019年，电商直播赢来高潮：4亿用户涌进淘宝直播间，近百万主播成为淘宝直播生态伙伴，其中117位主播年度交易额破亿，有超过4000万商品进入直播间，同时，商家参与同比增加了268%，整年成交额突破2000亿元。

（四）直播盛极一时

2020年，突发的新冠疫情导致实体经济衰微，企业老板亲自下场带货，明星、主持人等也纷纷走进直播间。拼多多、小红书等平台陆续上线直播功能，直播电商几乎成为所有电商和社交平台的标配。抖音更是斥资6000万签约初代网红罗永浩，直播电商全面爆发。

（五）直播的繁荣与乱象

2021年，全民直播时代到来，人气明星、工厂老板、企业高管、普通民众、政府官员等都在直播间挥洒汗水，直播行业热闹非凡，但是违规现象和无底线的行为也开始大批量出现。

三、直播的特点和优势

（一）视觉性：直观、实效，内容表达更为真实

相较于图文，直播的动态视频表达更为直接具体，而且，直播的内容不像文字和图片那样可以随便复制、粘贴，这就决定了传播内容的真实性。

（二）即时性：信息即时传播，所见即所得

所见即所得，主播的信息能够及时、准确地传递给受众，没有其他环节的参与，让信息的真实性、可信性及对用户的价值达到最高。

（三）多样性：形式多样化，内容更丰富

在直播技术的支持下，直播带货系统能够支持安卓端、IOS端、小程序端等多个终端，而且，直播方式多样，为商家带来更多展示优质商品的空间。随着科技的发展，未来直播间的内容会越来越丰富，会出现虚拟主播入场直播间、“直播带货+综艺”等以外的新玩法。

（四）便利性：跨越空间和时间，缩短决策时间

直播是一种快节奏的传播方式，实现了“面对面”的、即时的、互动的大众传播，能够让受众迅速直观地了解产品的性能，做出决策。

（五）参与性：共存共享，及时反馈，实时交互

网络直播平台为用户提供了更具参与性和人际互动性的良好体验：用户既可以自由地表达自己的意见，也可以与主播进行互动交流，极大地满足了用户自我表达和及时反馈的需求。

（六）全民性：平等普世，全民皆可直播

直播的门槛并不高，现在，人人一部手机就可以进行直播，再加上疫情的影响，使直播运用于各行各业，开启了全民直播的时代。

四、直播的工具特性

（一）流量价值：品牌曝光和知名度提升

直播平台覆盖范围广，能够针对精准用户人群快速曝光，能提升品牌曝光率，增加品牌价值及品牌效应。

（二）内容影像化：用户深入其境，强化品牌认知

电商直播的实效性和互动性解决了传统图文展示的痛点，内容的表达更加客观真实，并且能够在有限的时间内把产品的优势最大化地介绍给用户，让产品在消费者心中留下良好的印象。

（三）实时互动：建立信任度，塑造品牌美誉度

在直播的场景中，用户能与主播互动，看到其他买家的踊跃参与，这种身临其境的沉浸体验，更像是线下场景中的逛街、购物。在整个过程中，网络主播可以利用自己的个人形象、才华和言行等，提高代言品牌的知名度和消费者对该品牌的美誉度和忠诚度，对品牌产生有效的正

面影响。

（四）深度沟通：增加用户黏度，积累品牌用户资产

在消费主权时代，用什么方式与消费者沟通至关重要。直播这种形式除了能实时回应咨询、排除消费障碍、展现品牌形象外，还不断创新其形式和内容，加强与用户的深度沟通，真正走进了消费者的内心。

（五）在线交易：销售转化

优质的直播内容变现的方式有很多种，包括传统的打赏、缴纳会员费、购买商品等。

综上，直播的上述工具特性可以满足品牌营销闭环需求。

五、直播的底层逻辑

直播通过数字化技术打破自然界的刚性约束，是将异地画面实时重放，以提供独特视听或心理/生理体验的一种商业“服务”。平台为主播赋能，主播和平台共享利益。

其核心点在于通过魅力体（主播）吸引粉丝，进而构造出有效的社交环境，通过虚拟的社交环境，贩卖情感连接，贩卖荷尔蒙体验，提供禀赋变现，同时利用流量收费站（通过流量赚广告费）等，满足人性的需求，进而获利。

从目前的商业形态上看，网络直播有两个方向：

一是娱乐媒体，提供的核心价值就是满足人性的猎奇、窥私、幻想、性元素等欲望，让注意力有新鲜的落脚点，获得满足与快乐，核心在于构建社交场景；

二是直播电商，通过“主播个人魅力+折扣”的方式丰富销售场景，

核心聚焦在打通商品销售通道。

直播在商业形态上更多的是成为一个赋能的平台：以 To B 的形式给主播提供开播工具体系及数据服务；同时，以 To C 的方式为用户输出内容，搭建用户和主播之间的桥梁，进而刺激用户付费产生营收，平台以收税的方式与主播分成。基于此，直播平台需要招纳更多的优质主播入驻，以吸引更多的用户，产生更多的收益，使平台得以发展壮大，使越来越多的，优质主播慕名而来，在这样的链路上达到正循环，通过复利模型循环增强，最终收敛成一个大平台。

链接：疫情期间，直播带货更是成为人们生活中的热词。“人人皆主播”“疫情隔离不了直播和网购”等，都显示了直播的火爆程度。直播带货为何有这么大的魅力呢？一方面，它属于在线交易，省去了中间商赚差价，用户使用体验更好；另一方面，直播带货主播自身都带有很强的IP属性，能够与用户高效互动，建立起高度的信任感，成为营销创新的最佳选择。

第二节　直播的具体操作

一、直播前的准备工作：定选品+写脚本+做预热

（一）定选品

跟传统电商不一样，带货直播间有自己的选品逻辑，不是所有产品都适合直播带货。

一个成熟的直播间，应当同时具备剧透款、宠粉款、爆款、利润款、特供款这5大类型的产品，缺一不可。剧透款：吸引用户眼球，引导用户进入直播间；宠粉款：用户进入直播间后的留人产品；爆款：给消费者

一个必买的理由；利润款：解决商家怎么赚钱的问题；特供款：品牌专供，营造稀缺感。

一个带货直播间怎样选品？主要是从两方面出发：一是根据主播的内容垂直度来选品，二是根据主播的粉丝画像来选品，也可以两者结合使用，更加精准和垂直。

内容垂直型的达人，建议一开始的时候专注做自己的垂直领域产品，做深之后，再拓展其他类目产品，如一个美妆博主一开始只卖美妆，后来可以逐渐拓展到零食、家居、服装等类目。

若你是没有明显电商属性的达人，或者粉丝数量积累得不够，可以登录抖音创作者后台，查看自己的粉丝画像，然后根据粉丝画像去选品。一般来说，我们以主播年龄上下浮动5岁左右的粉丝，以及后台年龄段占比较多的粉丝人群作为目标用户。打个比方，如果你的粉丝中女粉占比较多，就可以考虑卖美妆、服饰等产品；如果男粉占比较多，就可以考虑卖数码、科技等产品。

另外，还要注意根据市场需求选品，选择符合季节的产品，如雾霾天卖口罩，夏天卖短袖等；还应留心之前直播的商品转化数据，以此为依据，分析直播间适合卖什么样的商品。

（二）写脚本

直播开始之前，需要先写脚本。一方面，有了直播脚本，团队成员之间的信息能够保持同步，沟通会更顺畅，执行会更到位；另一方面，也可以让主播更好地掌控直播间的节奏，提高带货转化效果。

一个完整的直播脚本包括直播主题、直播目标、时间节奏、人员分工、货品板块、主播话术、互动策划、演绎道具等环节。

在直播团队中，直播运营负责写直播脚本，直播脚本只写给整个直播团队看，不同岗位的工作内容都会被写进直播脚本里。比如，一场2小时的直播，主播需要做什么，场控需要做什么，投手需要做什么，中控需要做什么。为了做好一场直播，每个人都需要提前了解直播脚本里的内容，明确自己的工作内容和职责。

直播脚本分为单品脚本和正常脚本两类。

1.单品脚本

单品脚本：建议大家以表格的形式清晰地展示产品的卖点和利益点，品牌介绍、利益点强调、引导转化等信息，以便与用户顺利地对接。

字节跳动扶贫特约导师、超级演说家金牌讲师蔡宇智特别提到："如何在5分钟之内对一个产品做一个完整的介绍，每一款产品都要遵循单品脚本的'4个3原则'：3个卖点介绍，3个产品使用场景，3个产品'背书'，3个竞品对标分析。"

蔡宇智认为单品脚本一般分为三类：5分钟、10～20分钟、20分钟以上。比如，零食类商品属于可快速过款型的商品，可以讲解3～5分钟；美妆类产品属于体验性类，可以讲解10～20分钟；家电或者汽车按摩椅等大型产品就需要20分钟以上的讲解。

2.整场脚本

整场脚本：即整场直播的脚本编写，是对直播套路的规划，重点是逻辑和玩法的编写以及对直播节奏的把控。整场直播大概持续2～4个小时，中间不会休息。

3.整场直播的具体流程

（1）开播后，在一分钟内进入直播状态，发起直播签到，和最先来的粉丝打招呼；

（2）第1～5分钟，近景直播，边互动边安排本场直播的1～2款爆款，互动方式建议选择签到打卡抽奖，不断强调每天定点开播，等粉丝大部队来；

（3）第6～10分钟，剧透今日新款和主推款；

（4）第11～20分钟，将今天所有的款全部走马观花过一遍，不做过多停留，但潜在爆款可以重点推荐，整个剧透持续10分钟，助理跟上，服装、日化、食品等商品可以给予配套展示，整个过程不看粉丝评论，不被粉丝“带节奏”，按自己的计划安排逐一剧透；

（5）开播半小时后，正式进入产品逐个推荐的环节，有重点地根据粉丝对剧透的需求来介绍，每个产品的五分钟直播脚本的制作参考前文的单品脚本的“4个3原则”；

（6）直播中，场控根据同时在线人数和每个产品的点击转化销售数据，引导主播进行重点演绎的调整；

（7）最后一小时，做呼声较高产品的返场演绎；

（8）最后十分钟，主播剧透明天的新款，小助理见缝插针地回复今日商品的问题；

（9）最后一分钟，强调关注主播，明天几点准时开播，预告明日福利。

（三）做预热

在脚本写好，选品定了之后，还需要给直播间进行预热引流，才可以直接开播。因为，只有做好预热工作，直播间才会有流量进来，才会有观众进来，才能卖出东西。

大型直播，提前3～5天做预热；小型直播，提前1～3天做预热。

直播预热的3种方法如下。

短视频预热：在直播开始前发布一条预热短视频，比如说“今天晚上我们7点开播，今晚的直播间会有×××”等，当用户刷到这条视频的时候，如果你正在直播中，用户通过点击你的头像就可以直接进入直播间了。

个人信息预热：开播前，在自己的个人信息里加上开播时间，如将昵称改成“××今晚7点直播”，个人简介里也可以加上直播信息，这样用户进入该主页时就能看到直播信息了。

站外预热：利用朋友圈、公众号、微博、小红书等站外平台进行直播预热，如一些网红达人每天开播前都会在公众号、微博进行预热。

这里需要提醒的是，发布直播预告，需要注意封面图应与主题相呼应（封面图的美观度影响着用户是否会进入你的直播间）。

建议封面图准备两张，尺寸分别为：第一张750px×750px，第二张1120px×630px。

封面图的制作规范重点，提炼如下：

·封面图不掺杂文字（除平台要求的角标之外）；

·不使用拼接图片；

·不使用衣架（避免杂乱无章）；

·不使用表情包等元素；

·不使用带有播放器的按钮；

·内衣等贴身衣服不出现任何人物、模特等元素；

·若直播间无明星参与直播，不可使用明星作为封面图；若直播间有明星参与直播，可使用明星作为封面图，但需提供相关的授权文件等信息。

链接： 有些用户认为直播工作只不过是在镜头前面聊聊天，想到哪里就说到哪里，粉丝点哪件单品就展示哪件单品，讲完为止。这种认知是片面的。任何一场完整的直播背后都有着特定的目的、流程、方案和细节等，要想让直播活动达到预期的效果，就必须做好前期的策划工作。比如，选品方面，需要做到选品差异化，覆盖不同需求；脚本方面，能够为主播提供关于直播内容和流程的大致指引，避免直播事故；预热方面要做到位，它是保证看播流量的基础，直播当天预热视频可贡献70%～80%的关注度，也是新增粉丝的重要手段。

二、直播进行中的打法：过款型直播+循环型直播

直播中，各个岗位的人员主要就是按照直播脚本上的流程和节奏来做好自己的本职工作：主播负责讲解产品，中控配合主播进行产品的上下架，场控带节奏维护直播间的互动气氛，投手根据流量情况及时调整巨量千川平台的投放，客服及时回复用户的信息……不同的直播间采用的直播流程并不一样。

（一）两种最常见的直播流程设计

过款型直播流程设计和循环型直播流程设计是两种最常见的直播流程设计。

1.过款型直播流程设计

一场直播准备了很多款产品，主播依次介绍，一款产品在今天的直播间只介绍一次，过款型直播流程适合有很多产品的直播间，所有的大主播都是采用这种流程介绍产品的。

2.循环型直播流程设计

有些直播间的产品不是特别多，打个比方，只有5款产品，就不建议你做过款型的直播流程，因为这种流程会将每一款产品的时间拉得很长，让用户失去耐心，离开直播间。我们可以在一场直播里把所有的产品循

环介绍个三四遍，一遍大概30分钟左右的时间，这就是循环型流程设计。

在一场直播中，你把直播间的商品按照宠粉、利润(主打款）等组合玩法，循环地播几遍，相当于把同一款产品在一场直播里循环地卖了好几遍。要想全面提升直播间效果，选择好相应的流程模式后，还要学会合理安排直播流程的货品顺序。例如：以直播时长30分钟为例，在直播的10～15分钟内放上引流款，15～20分钟内放上利润款，20～25分钟内再次放上利润款。

总之，一个恰到好处的直播间流程设计，能大大提升直播间的节奏感，既方便主播把控全场，也不会让用户失去兴趣。

（二）新手主播单品直播流程

不管是过款型直播间，还是循环型直播间，主播在讲解一款产品的时候，通常会有固定的单品讲解流程。对于新手主播来说，我们建议每款产品的解说持续时长在10分钟左右。

1. 2分钟：卖点引出

通常会以互动的形式让用户参与进来，如介绍一款去眼角纹的护肤产品，就可以说“有没有笑起来眼角纹有点明显的宝宝?”这可以作为提高互动率的一个小技巧。

2. 3分钟：手拿介绍

主要介绍产品卖点，可以参考产品的淘宝详情页。为了给受众留下深刻的印象，千万不要照搬照念详情页上的介绍，而是要加入自己的话术。可以学习“东方甄选”直播间里的董宇辉介绍铁锅时的个人表达：“是妈妈的手、父亲忧愁的面容，是老人盼游子回家的心”，既形象又深刻。

3. 3分钟：用户评价

我们可以在淘宝评论区、小红书笔记、公众号软文等内容中找到非常详细的用户评价。

4. 2分钟：促单销售

让大家下单考虑的时间不宜过长，我们可以直接说出秒杀价格是多少，前3个下单的人会获得什么优惠，加入粉丝团有什么优惠等，促进买家下单。

另外，在直播的过程中，除了产品的讲解和销售之外，还要进行数据的钉盘、用户的答疑、产品的上下架等工作，需要团队中的所有成员密切配合，缺一不可。

（三）知识直播带货话术

2021年12月28日，新东方宣布成立“东方甄选”，正式进军直播带货领域。经过一段时间的摸索，他们走出了自己独创的具有“教培人”特色的直播带货新路径。

他们直播卖货的具体打法是：彻底摒弃传统模式的销售话术，采用耳目一新的“双语教学+引经据典”的直播卖货方式，既具有知识含量，又将新东方讲师们“风趣、励志、表现力强”的特质发挥到了极致，吸引围观群众纷纷“为知识付费”。

下面，我们就来盘点一下新东方知识直播带货话术。

1. 找准个人定位

新东方“东方甄选”直播间的主播清楚地知道，自身的核心竞争力就是自己的英语知识储备，如果采用常规直播卖货的话术，很难发挥自己的长处，而且也不容易让人记住。而双语教学的直播带货方式，既没丢掉自己的专业所长，又能让人耳目一新，显然更容易出圈。

2. 行业外知识的积累

在“东方甄选”直播间里，我们可以看到主播们谈吐间都表现出了满腹经纶：卖桃子的主播从《桃花源记》讲到《诗经》的“桃之夭夭，灼灼其华”；卖鲥鱼的主播从“长江三鲜”延伸到张爱玲的“人生三恨”，再道出“人要去读书去经历，才能气质非凡”的人生哲理。由此可见，除了专业知识外，他们没少看书，之所以能够信手拈来，都是源自他们多年来积累的知识汇集成的知识宝库。

3. 卖农产品=卖生活里的烟火气

“东方甄选”直播间里的主播们在介绍农产品或生活用品时，没有咆哮促单，也没有使用倒计时等常规方式，而是运用诗意的表达方式，如介绍牛排时，形容它：“美好得就如山泉，就如明月，就如穿过峡谷的风，就如仲夏夜的梦”；介绍火腿时，赞扬它“是风的味道，是盐的味道，是大自然的魔法和时光腌制而成”，这样不落窠臼的表达方式，估计顾客也是第一次听到，心旷神怡之余肯定会被打动。

4. 卖书=在人间贩卖理想

“东方甄选”直播间除了卖农产品，还卖史书、名著、绘本等。董宇辉主播在卖书时，融入了自己的理想主义，以情怀打动人，如在介绍《月亮与六便士》这本书时，动情地评论：“有很多人像他一样，是掉落人间的烟火，发着光”；介绍《额尔古纳河右岸》时，抒发感慨，“忽然就有一天想去看看大山大河，不一定非得是大兴安岭，我相信每个人心里都有一个桃花源”，充满感情的表达让坐在屏幕前的每一个观众都能感受到他自己对图书的热爱。

5. 用新东方趣味教学的思维做直播

“东方甄选”直播间的主播们在卖货的同时不忘自己的老本行，使用了“情景教学”“实物教学”的直播技巧，让当下的这一场景与单词关联，塑造画面感。比如，在卖红枣时，主播老师会在红枣的英文“red date”的基础上为大家延伸“date”的几种含义：日期/约会/大枣。

又如，当产品是樱桃时，主播老师们不忘科普樱桃的英语是cherry，“I cherry you”在英语中也可以表达“我喜欢你”。

这种另类的“知识为主，带货为辅”的直播方式，掀起了“为知识付费买货”的新风潮。

6.打破“价格”优势，建立“品质”优势

“东方甄选”直播间的定位一开始就是“比市面上的产品好，但价格贵点”，打破了直播一直以来追求的“低价、破价”定律。另外，这些产品的优势还在于这些主播个人的人格魅力，他们的口才、文化底蕴、人生际遇无形中都在为产品赋能。

在这些话术的助攻下，“东方甄选”直播间的转化率很高。新抖数据显示，2022年整个6月份，“东方甄选”直播间销售额达到6.81亿元，成为当月唯一一个销售额破6亿元的直播间，同时，“东方甄选”位居6月粉丝飙升榜第一，30天粉丝增加1952.69万。

（四）直播互动技巧

直播时有一些互动技巧，如下所示。

欢迎互动：新老粉丝点名问候，欢迎寒暄。示例：欢迎××来到我的直播间/××又来啦，欢迎欢迎。

点赞互动：引导粉丝点亮直播间小红心。示例：“伙伴们”小红心点一波/帮忙持续点亮爱心。

关注互动：邀请新粉丝加关注，积累粉丝量。示例：“伙伴们”关注走起来/进来的朋友记得关注哦！

转发互动：引导粉丝分享直播链接到站外，如微信好友、朋友圈、微博等。示例：分享直播链接给好友/谢谢大家帮忙分享。

问答互动：耐心回复评论区粉丝的各种问题，提升粉丝直播观看体验。示例：描述问题×××后回答/喜欢××的伙伴们扣波1。

福利互动：发红包、送礼物、办促销活动等，提升直播间粉丝的黏性。示例：×分钟后大家快抢红包/今天感恩回馈送大礼。

链接：在直播过程中有时会出现一些画面、声音方面的突发问题，下面有一些解决方法可供大家参考。一是画面不断闪烁，解决方法是检查网络稳定性并重启直播程序；二是画面卡顿、突然黑屏、画面变得模糊，解决方法同上；三是画面饱和度偏低，解决方法是对拍摄设备的相关参数进行调整；四是声音卡顿、声音与画面不同步、突然没有声音，解决方法是检查麦克风等收声设备以及声卡。

三、直播结束后的复盘

直播后的工作，除了发货和客服售后之外，还有一件最重要的事情，就是直播复盘。

无论是头牌大主播，还是名不见经传的小主播，每天的直播结束后，他们都会对当天的直播进行一个全面的复盘，每天如此。

直播复盘包括：人货场的复盘和数据的复盘。

(一)人货场的复盘

1. 人员复盘

主播：复盘直播过程中的话术、产品讲解、控场情况等；

场控：复盘直播中的实时目标关注、突发事件预警能力等；

助理：复盘商品上下架、关注直播间设备、与主播配合的情况等；

运营：复盘预热视频的准备和发布、巨量千川的投放操盘问题等；

客服：复盘活动福利说明、可能存在的售后问题，以及直播过程中对粉丝提问的回答等。

2.货品复盘

货品复盘主要是复盘直播间的选品逻辑是否合理，引流款、利润款、主推款的分配是否合理，过款流程的安排是否合理等，以及产品的核心卖点提炼是否到位，直播间的货品展示是否清晰美观等。

3.场景复盘

场景复盘主要是复盘场地布置、直播间背景、直播间灯光直播设备、商品陈列等。

（二）数据的复盘

进行直播数据复盘的时候，重点关注4个关键数据：人气峰值和平均在线人数、观众平均停留时长、带货转化率、UV价值。

1.人气峰值和平均在线人数

人气峰值和平均在线人数决定了直播间的人气，是直播间能否带动货的大前提。一般平均在线人数能稳定在50人左右，直播就有基本的带货能力，能够赚到钱。

2.观众平均停留时长

平均停留时长是内容吸引力指标里最重要的一项，停留时长数据越好，说明主播的留人技巧和选品都不错，通常停留时长超过2分钟算不错的数据，超过30秒是一个及格线。

3.带货转化率

直播间的用户下单比例=下单人数÷观看总人数，这个数据可以衡量直播间的真实购买力，也反映主播的带货能力。一般带货转化率达到1%

以上算合格，3%以上为优秀。

4.UV价值（访客价值）

单个用户给直播间贡献的价值，这个数值越高，说明用户在这个直播间的付费意愿越强。有些主播的一场UV价值高达30，说明粉丝消费力极强，销售额肯定高。

直播复盘的意义是为了把经验转化为能力，分析每场直播的优点和不足，据此及时做出调整，帮助我们把下一场直播做得更好。

综上，只有把每场直播都当成一场战役，做好前期的营销汇聚流量、吸引分析，中期的策划与节奏控制、打造亮点，以及后期的精准复盘，才能打赢这场战役。

链接：在做复盘之前，最重要的工作就是收集相关数据。如果是当天进行复盘，就选择当天的数据；如果是对直播的整体情况进行复盘，就选择范围更广的数据。一般来说，数据越多，最终的结果就越准确。以淘宝平台为例，要想了解之前的直播数据，首先要登录生意参谋平台，然后点击[流量]—[店铺来源]—[流量来源]。

第七章

新媒体内容的“新枝叶”：H5、网课、脱口秀、年轻态喜剧

新媒体时代，媒介深度融合的背景下，H5 应运而生，成为各大新媒体的标配。在“知识付费”的潮流下，新一轮全民参与网课制作的“浪头”已经涌来。另外，新媒体和互联网给演出艺术带来了新的形态和内容革命，网络脱口秀、“年轻态喜剧”等艺术产品借助新的传播媒体正吸引着更多的年轻受众。以上这些都是新媒体内容的“新枝叶”，是新媒体内容创作者和运营者不能忽视的新媒体时代多样化表达方式的运用。

H5、网课、脱口秀、年轻态喜剧这些是创新的新媒体表现形式。一方面，它们符合互联网传播“快速、直接、新颖、创意”的特性，能够提升用户的参与度和沉浸感；另一方面，凭借搞笑幽默或娱乐类的内容，它们有效地缓解了城市居民的生活压力，成为不少人首选的减压方式。了解这些符合用户使用习惯和精神需求的创新表现形式，有助于我们对新媒体形成一个全面的认识。基于此，本章将对H5、网课、脱口秀、年轻态喜剧四种新媒体表现形式的创作方法做更为细致的解析。

第一节　H5

H5作为一种依托新兴技术的传播文本，拥有酷炫的技术手段和丰富的设计语言，为更好地进行信息传播提供了更多可能。它打破了传统纸媒受限于图文表达的形式桎梏，将图文、音频、视频等传播手段有机地统一在H5作品中。

那么到底什么是H5呢？广义上的H5指第五代“超文本标记语言”（Hyper Text Markup Language 5，HTML5），也指用H5语言制作的一切数字产品。狭义上的H5指互动形式的多媒体广告页面，如支付宝的“年终账单”、H5招聘广告等。

一、H5技术的传播优势

（一）增强用户互动性和代入感

H5作品采取了图文并茂的形式，利用图片、动画以及音效等元素来提高内容的阅读性和美观性，赋予了信息一种感官的活力，带给读者交互式体验。

例如：喜马拉雅在“三八妇女节”推出的H5作品《消失吧！性别偏见》，集合了声音、图片等场景特点，用户可以滑动屏幕，点击自己在生活中碰到的有关性别偏见的条目进行粉碎操作，对于用户而言，这不仅仅是视觉上的体验，还能营造代入感，让女生摆脱心理负担和负面评价的干扰，开心、率性地做自己。

（二）深化主题和信息精炼化

H5作为一个承载信息和传达信息的工具，媒体运用它进行网络传播时，需要媒体对事件背景、内容、中心进行更深入地了解，对策划主题进行提炼和总结，密切联系社会热点，从用户角度思考，用更栩栩如生、接地气的方式将信息展示给用户，使信息生动、有趣地快速传播。

例如：2021年两会的H5作品《2021，向着目标出发》，运用交互技术，以乘坐高铁旅行的乘客的视角，生动地向观众传达“十四五”规划开局之年的新目标、新任务。

（三）促进信息有效传播

当用户遇到他们喜欢的H5作品时，会通过评论、转发、分享和点赞等行动主动参与H5作品的二次传播，H5作品的影响力得以不断扩大，最终完成了从点到线、从线到面的传播过程。H5能够促进信息的有效传播，得益于H5本身在制作过程中就需要对信息做精炼化处理，提取出报道要点，减少无效信息，而用户选择转发与否也对信息传播进行了有效控制。

比如，疫情期间，各地方政府用H5制作的疫情防控承诺书，在疫情相关知识的科普及本地疫情防控上都取得了不错的反响。

二、H5技术的应用

（一）设计精美页面

如今，无论是各类基于H5页面开发的小游戏，还是当前较为流行的邀请函、招聘广告，乃至人民网、网易、腾讯等网站平台开发的H5新闻页面，都试图通过这种以触碰、滑动为互动方式的页面技术，向用户推荐产品，传播信息。

（二）凸显跨平台、低成本、快迭代等优势

H5技术的发展，可以实现多套代码、不同技术工种、业务逻辑同步；H5前端是开放的正反馈循环生态系统，大量的开源库可以使用，开发应用变得更轻松，更敏捷，这也体现在了快速迭代和成本下降上。H5的这些优势，对身处移动互联网大潮中的企业主、品牌设计师和开发者来说，都提供了一个好的环境。

三、常见的“创意型H5”

“创意型H5”主要有以下5种类型。

（一）场景类

这种类型的H5页面比较有意思，页面效果逼真，能够满足用户追求趣味化的需求。比如，人民日报新媒体中心制作的互动H5作品《56个民族服装任你选！快秀出你的爱国Style》，帮助网友“换装”，生成脸上贴有国旗的个性化“民族照”。

（二）游戏类

这种类型的H5将推荐的内容以游戏的形式呈现出来，通过一些交互设计提高用户的参与度及代入感，让用户在游戏中关注你，有效提升了推广力度。如theMSLAN品牌为七夕活动制作的H5案例《出逃的公主岚》，这个案例一开始加载就引入故事，讲述在七夕当天，公主岚为了找到心爱的小丑而携“款”出逃，游戏画面是由三个场景拼接的，点击画面中的物品为公主岚找到出逃的七个装备，可在游戏结束后领取奖励并转发分享。

（三）答题测试类

这种类型的H5页面用题目的形式吸引用户在该页面停留，比较常见的有各种心理测试、性格测试等，用户在页面中选择不同的答案会出现不同的场景和结论，引起用户的兴趣，容易引发用户转发分享。比如，简途制作的H5案例《简途旅行》，其以“怼”为主题，宣扬“自己的路，乐意怎么走就怎么走”的观念，用户在页面点击“go”开始，就可通过8道题来测试自己的“怼”指数，并显示代表人物。

（四）人物叙事类

这种类型的H5页面设计的逻辑是选择一些不太受关注的平凡的劳动者，展示他们生活或工作上的一些片段，搭配具有真情实感的文案，使用户产生情感共鸣，引导用户主动分享，进行宣传。

比如，新华社和腾讯新闻联合出品的H5案例《幸福“创造营”选出你的“理想型”》，策划逻辑采访了江苏、河南、西藏、广西、江西5个省脱贫攻坚一线典型人物，报道他们的事迹，生成人物海报图，用户可以保存分享。

（五）产品宣传类

这种类型的H5页面通常被用于新品宣传，让用户在参与活动中了解产品的特色和优势，如苏泊尔的产品宣传案例《我的温暖哲学》，其在策划上以“暖”为主题，以视觉上的温暖景象和产品提供的温暖为核心展开宣传。

四、H5团队的组建

目前，比较流行的H5制作软件有微页、易企秀、兔展、MAKA等，但要创作出一个创意十足、简洁、新颖的H5微场景，一个优秀的团队是必不可少的。

一支优秀的H5团队需要“七手”人才：第一，能够进行全盘策划的能手；第二，将文字“精炼、提纯”的写手；第三，采集、整理多种素材的“抓手”；第四，将多种素材加工成H5可用形式的“加工手”；第五，能实现策划者想法、完美运用素材、能创新形式的“操作手”；第六，将成品推向各个终端、媒体的“推手”；第七，收集产品反响、总结产品功能的“反馈手”。

五、爆款H5的制作

制作爆款H5需要三个核心要素：一是社会情绪，是否顺应社会大众的心理体验和心理感受；二是爆款重复（爆款是可以重复制造的，学习他人之前打造的爆款方法可以达到目的），之前这种形式的H5曾很受欢迎；三是用户参与，满足用户塑造形象或者炫耀的需求。

比如，Luckin coffee的H5案例《Luckin圣诞姜饼人拿铁回归》，是圣诞节的宣传作品。可爱的姜饼人坐小火车加载完毕后进入Luckin coffee的外卖页面，熟悉的圣诞歌曲响起，烘托圣诞氛围，页面上各种圣诞元素一起跳跃，也烘托出节日气氛（社会情绪）；这种圣诞节的玩法是商家常用的手法（爆款重复）；快到尾声时，姜饼人拉下大幕，标题和姜饼人系列咖啡出现，用户可分享视频或点击优惠购买（用户参与）。

以上的这个案例，将爆款H5的三个核心要素都包括在内。但是，需要提醒的是，制作爆款H5需要多尝试，因为真正的爆款不止靠形式、靠渠道，有趣、有料，和用户强相关的选题内容才是刷屏的关键。

六、H5制作的基本步骤与流程

一般来说，一个完整的H5页面的制作基本流程为：前期沟通—策划创意—撰写脚本&绘制原型—视觉设计—技术开发—测试—上线。

前期沟通：了解H5制作的具体需求，计算好整个制作周期，其中包括内容、风格、时间、进度、上线要求等一系列内容。

策划创意：根据需求为H5的每一页做一个内容和画面形式的创意策划，策划过程中要和设计人员、开发人员积极沟通，确保设计的场景和内容构思可以在技术上实现，确保创意方案能够落地实施，并以此为纲，指导和引领后面的H5创作。

撰写脚本：依照策划方案，为H5每一页设计文案脚本，明确每一页需要出现的话题和内容。

绘制原型：根据脚本，采用手绘或者设计的方式，为主画面简单制作出大概的画面内容或者人物草稿。经过沟通后，敲定画面的风格。（此步骤有时候与撰写脚本同步进行，相互探讨和补益）

视觉设计：根据已经确定的风格，进行背景和每一页画面的具体视觉设计。

技术开发：设计稿确认后就需要交付给技术人员进行开发，为H5开发代码，并进行编辑音效、生成动画或加入插件等一系列操作。

测试、上线：技术开发完成后，还需要进行上线之前的测试工作。通过不断反复确认，确保H5页面使用正常，没有问题。当一切准备完毕，H5就完成了，就可以静静等待上线。

链接： 打造一个成功H5的必要条件就是做好准确的市场定位，只有抓住受众群体的心理，塑造出让他们印象深刻的产品形象，才能将这种形象顺利地传递给受众群体。设计师也可借用已有的热点IP，如名著作品里耳熟能详的形象，打造高传播度的H5产品。在运用IP的过程中，我们应该注重IP形象本身的原生性、主动性，才可以最大化发挥IP的效用。

第二节　网络课程

2020年初，疫情突发，举国战“疫”，伴随疫情展开的，是全网火热的网课。只是这里所说的网课通常是指“停课不停学”的网络上课模式，与本章节所讲的网课的内涵和外延并不完全一致。

本章节所讲的网课的内容不局限于学校的科目，移动互联网上传播的写作课、读书课、时间管理课、知识管理课、恋爱技巧课、职场规划课、求职面试课、绘画课、书法练习课、PS图像处理课、视频编辑课、烹饪课、收纳课、演讲课、个人形象设计课、化妆课等，都属于“新一代的网课”。

它们出现的原因是：互联网时代，大众的学习需求变得更加时效化和碎片化，而传统授课方式早已不能适应需求，投入产出比也越来越低，抓住新的时代机遇，抓住新的用户群体，打造出与之相契合的内容产品——“新一代的网课”，便成为大众喜闻乐见的学习方式。

艾媒咨询发布的《2020年中国知识付费行业运行发展及用户行为调研分析报告》显示，2020年我国新冠肺炎疫情暴发以来，63.1%的用户购买过知识付费产品，主要以职场技能类内容为主。疫情期间，超九成用户表示对其购买的知识付费产品比较满意或非常满意。这表明“新一代网课”因其多元化、个性化的内容成为刚需，成为“知识付费”领域新一轮的“风口”。

一、“新一代网课”的特点

“新一代网课”课程内容短而精，在新媒体的传播环境里，人人都可以成为课程的研发者和传播者；课程重构了学习的定义，用情景剧、滑稽剧、H5、动画、图文+配音等各种生动有趣的形式授课；而且每节课都有独立、完整的小课题，讲述的是“讲师”们自己熟悉的、感兴趣的、有能力解决的问题；同时，还会用简洁明快的手法将知识技能细分成每一个可操作的版块，配以大众熟悉的情景案例故事，让学习者在快乐中学习，在体验中学习，在运用中学习。

上述这些表明了“新一代网课”的最大特点是制作的多元化，包括制作人和制作的内容。草根研究，全民参与，趣味创作，是“新一代网课”制作的主流。

（一）网课是“课”，却能超越以往“课”的局限

1.它是快速迭代与移动终端催生下的学习方式变革

网课以播放时间短、传递内容精、资源容量小而著称。

播放时间短：根据市场大众的认知特点和学习规律，网课时长一般为5～8分钟左右，最长不超过18分钟（TED的标准），相对于传统的40～45分钟一节课的教学课例来说，网课可以称之为“课例片段”或“微课例”。

传递内容精：相对于传统课堂一节课需完成众多的、复杂的教学内容的要求，网课选取的传播内容一般要求主题突出、指向明确、相对完整，整体构成一个“主题单元资源包”。

资源容量小：网课视频及配套辅助资源的总容量一般在几十兆左右，视频格式须是支持网络在线播放的流媒体格式（如rm、wmv、flv等），用户可以在各大平台流畅地在线观看视频，查看视频方法、视频目录等辅助资源；也可灵活方便地下载并保存到终端设备上（如笔记本电脑、手机、MP4等），实现移动学习、“泛在学习”，便于受众在线下的反复研究、思考和实践。

其实，网课的内容生产和图书出版很类似，都是把作者的知识精华进行浓缩，精心编辑，印刷成册，卖给读者，只不过实现方式不一样：网课采用视频传播，而图书通过印刷出版。

“网课”二字，重点在于“课”，“网”只是其呈现的方式，是学习领域带来的新的变革。它的风行是移动终端的快速更新迭代促成的终身学习方式的必然要求。

2. 它是体验营销与粉丝经济裂变出的用户连接模式

除了应用于学习本身外，网课还起到了传播知识、提升技能的作用，成为极其受欢迎的“试用品”、增值服务与营销手段，如它在企业与客户、粉丝的连接中，构成体验营销与粉丝经济裂变出的用户连接模式。

一门网课能够出彩，离不开课程粉丝的拥护和课程所依赖的平台的支持。网络时代，粉丝的价值和影响力不可忽视，除了少数大V自带流量，多数名不见经传却身怀技能的老师们，都需要平台对其进行全方位的包装，进行大力宣传。

（二）网课制作内容的多元化和个性化

1.人人是讲师

网课提供了人人都可以成为讲师、名人的机会，网课的受众者也可以是网课的制作者。但要成为讲师一定要具备独立的思考和见解，不间断地累积专业知识，并且要持之以恒地学习和实践，才能成为受众心中真正的行业专家。

2.设计富有创意

第一，课程类型多样化。

所谓网课课程类型多样化，指的是运用不同类型的网课传播相应的内容，产生不同的传播效果。比如，故事型网课可以让受众更加容易进入受教育的情境；实验型网课可以让受众更加直观地观察到实验的过程与操作方法。

互联网教育打破了传统教育正襟危坐的桎梏，通过多元的网络活动，来实现教育类型的多元化，寓教于乐，让受众更有兴趣接受。

第二，课程内容情景化。

所谓网课课程内容情景化，就是在网课中构建学习情景，给受众搭建有效的学习支架。在网课中，传播者有目的地创设一些生动的场景，引起课程受众的情感共鸣，能够帮助其更好地理解课程内容。

第三，课程重点问题化。

所谓课程重点问题化，就是尝试将传播目标中的难点和重点转化成问题的形式来呈现，以问题来引导传授课程，用释疑解惑的方式来串联网课的课程内容。

第四，课程活动任务化。

一节网课的效果，不仅仅在于短短几分钟的内容传授上，还体现在课程受众在学习后的行为反应上。所以，网课设计离不开课程活动的任务化，即一节好的网课可以搭配课程任务单，让课程受众带着任务学习，能够活学活用。

第五，传播媒体多样化。

所谓网课传播媒体多样化，就是采用不同的媒体表现形式展现网课的内容，如可以选择真人出镜式、动画式、录屏式，或者是混合以上几种形式。

3. 视觉效果吸睛

第一，从整体效果上来说，在设计网课画面时，要结合课程的内容和学习者的特征来选择合适的色调。比如，儿童喜欢明亮、鲜艳、纯真的色彩，而年纪稍长的学习者会被中等明度或比较柔和的色彩所吸引。

第二，细节处理，可以根据学习内容的特点，利用符号、划线、标注、关键词变色或放大缩小等技巧，吸引课程学习者的注意力；在网课的关键内容处，适当加入标识符号，提醒学习者关注重点信息；合理地运用展示性的字体吸引学习者的注意力，并注意字体与整体排版风格相得益彰。

第三，呈现方式，网课在设计视觉感的时候，要注重风格尽量统一，避免无关紧要的视觉干扰。

4. 课程互动频繁

第一，课程内容呈现的角度。

互动式网课一般使用引导性或者互动对话的方式讲解课程内容，或者在网课页面当中，设置合适的折叠栏（文字内容折叠起来，仅仅显示标题部分）和Tab页（横向显示，课程受众只需要点击标题，就可以切换到对应的内容）。

第二，课程的传授方式。

互动式网课是通过不断地启发、问答、反馈来进行双向交流的，利用互动逐步推进课程内容的传播。这里有一个小技巧，就是设置合适的翻页格，在翻页格正面显示一幅数据图，课程受众在进行翻转操作之前，就会思考这幅图所带来的信息，点击翻转后，翻页格背面显示的就是对数据图的文字解读。

第三，课程的互动方式。

互动式网课视频本身就包含了互动式的联系、超链接探究等互动方式。比如，课程老师可以通过课后题（题型一般包括单选、多选和判断题3种），检测课程的受众学完一堂课后的学习效果。课程受众回答完毕，点击提交就能够实时看到答题结果和解析，听课效果也就立刻有了反馈。

综上，对网课的受众来说，只有当他们对网络终端传授的内容产生兴趣时，他们才会全神贯注、积极主动、心情愉快地投入到学习中。在当今视觉文化的时代，采用传统的板书等形式传授知识显然与时代有点脱节，结合视频、图片、音乐、文字等形式的网课能够异军突起，的确是有着自己独特的优势。

二、网课的设计与开发

网课是模拟一对一的教学情景，既注重讲授者的课堂教学，更注重课程受众的学习，要在较短的时间内讲授一个知识点。优秀的网课都具有讲解深刻、知识面广、对学习者需求定位精准的特点。因为，这些网课的开发者会遵循学习规律和产品开发规律，对知识挖掘得更深入，在保持平易有趣风格的同时，更专注于干货内容的输出。

那么，什么样的内容才能算“干货”，“干货”的标准是什么？一般认为，能够教授给用户未知的知识，或者解决问题，最重要的是能够保证用户在课程结束后学以致用，才算得上是“干货”。

（一）如何做到“干货满满”

1.课程内容情景化、具体化

结合学习者的实际问题，给出精准的系统的方案，学习者学到就能用到，就是网课要达到的目标。

比如，情景化网课——《高大娘学会计》，课程里的每个故事都是高大娘学会计遇到的问题，由这些问题引出老师之后讲授的知识点，将知识点变成一个个有趣的动画，让原本枯燥的会计课程变得有趣，让学员在欢笑中学习会计知识。

2.学习内容依次进阶

网课的设计要与学习者的水平相对应，让学习者循序渐进地提高，让学习者在持续学习的过程中体验到学习的成就，产生收获新知识的满足感，才能越学越起劲，保证后续课程的听课效率。

比如，“职场英语学习课程”知识点的安排应该符合学习者的实际需求，从入职面试到会议口译，从正确发音到如何练好口语。这样清晰具体的课程安排，切实符合学习者在不同阶段的学习需求，真正吸引学习者一直学下去。

3.教学做到有的放矢

有很多优秀的网络课程就设置了学员交流社区，通常最受欢迎的不是成功心得的分享，而是教训的分享。比如，关于学习PPT制作的网课，大部分学习者认为炫酷的设计是吸引人的关键，但其实炫酷的设计只是外围的锦上添花的工作，如何用PPT体现出清晰的逻辑并具有吸引力，才是优秀PPT的核心。授课者在课程中就要对学习者容易忽视，甚至步入误区的问题进行反复强调和提醒。

4.精炼干货的4S法

第一，重类型。要在短时间内把一个问题讲清楚、讲透彻，就必须有清晰的角度和逻辑线索，围绕一个问题只能采用一个角度进行讲解。

第二，多选择。表达的精准是大量的素材积累、比对、选择、打磨、加工而来的。首先，要以受众为中心，聚焦受众的水平和需求，有针对性地选择素材，选择最核心的内容，使每一个最终呈现在课程中的知识点都可以发挥最大作用。比如，关于健身的网课，要针对减脂和增肌两大块目标人群设计相应的课程体系，做数据分析和竞品分析时，就要着重分析是减脂的市场需求更大还是增肌的专业指导需求更迫切。其次，一次只讲一个问题，如讲英语学习的课程的内容设定只讲单词记忆和语法讲解，专注于最核心的内容或技能，学习者才会有所得。

第三，精总结。首先，在语言的选取上要尽可能简洁，达到简洁、精准。其次，在编排形式上，一定要有最清晰、最利于记忆的方式，可以是数字排列也可以是字母排列，无论采用哪种方式，都必须在课程中保持统一。

第四，巧提要。巧妙的提要方法可以帮助学习者很快地唤醒记忆，想起课程内容。常用的有以下几种提要方法：数字提要，如《5招帮你成为爆款文章制造机》；字母提要，如ASAP是as soon as possible的缩写；词句提要，如绿箭口香糖的广告“一箭如故”“一箭钟情”等。

除了“干货满满”，主题突出、内容具体也是网课之必备。

（二）如何设计具有吸引力的网课主题

1.破题

破，就是“从0到1”，或者说“从无到有”，意味着网课要善于创造。“破”的主要来源有三个：课程、体系与手册。

从哪破

第一，从原有的课程中破。这是最为常见的形式，主要有三种情形：利用原有的课程资源，改为网课的形式进行授课；在基本保留原有课程资源的基础上，衍生出与之相匹配的网课，作为课前预习或课后复习巩固的内容，与课程组合学习；从原有的课程体系中抽取部分内容开发成网课，供特定的人群学习或解决特定的问题。

第二，从体系中破。包含原有的学习地图等体系，其系统性的规划，为网课的主题选择提供了便捷的路径和指引。

第三，从手册中破。包括各种产品手册、知识手册、销售手册和制度规范、操作指南等，它们内容严谨、完整，为网课提供了很好的内容素材。

怎么破

第一，从学习内容进入，包括拆知识和拆技能。如一位优秀的服装销售人员，需要系统学习产品知识、销售流程、职业礼仪、沟通技巧、商务谈判、服饰时尚、色彩搭配，甚至顾客心理学等诸多内容，然后在工作中灵活运用；

第二，从应用情境进入，拆问题。如服装销售人员，需要学习的网课可能是“春季衬衣适配的裙装与长裤有哪些”等。

具体拆解要“巧用三板斧”：拆知识（类别/要素），拆技能（流程步骤/方法工具），拆问题（典型问题/实用招数）。比如，“感冒”的学习主题，用第一把斧“拆知识”，拆解与感冒相关的知识：感冒的起因、临床表现、危害，这是按要素拆；风寒感冒、风热感冒，或者普通感冒与流行性感冒，这是按类别拆。用第二把斧“拆技能”，拆解与感冒相关的技能：感冒怎么预防、怎么治疗、怎么恢复，这是按步骤流程来拆；在治疗中有中医治疗、西医治疗等，这是按方法工具来拆。用第三把斧“拆问题”，拆解与感冒相关的问题：孕妇感冒能不能吃药，这是典型问题；缓解感冒鼻塞的按摩手法，这是实用招数。

2. 立题

破，就是“从1到N”，意味着网课要敢于创新。

立的来源

立的来源主要有三个：问题、经验与变化。

第一，从问题中“立”。将解决方案中通过培训可以改进的部分开发成网课，或将解决方案中需要宣导、传播的部分开发成网课。

第二，从经验中“立”。将业绩标杆、明星员工可借鉴的经验和做法进行提炼，开发成网课进行推广。

第三，从变化中“立”。当前的相关政策、制度、流程、技术、要求等发生新的变化时，将变化部分的内容加以整理，通过网课的方式进行快速传播。

怎么立

第一，将拆出的要素一一列出。有的主题向下拆解是单一维度的，如感冒的类型，这时将“学”与“用”两端的要素一一连线，酌情补充，就可以进入下一步“定主题”了；也有一些主题向下拆解时有多个维度，如感冒的治疗方法，既可以拆成不同症状的对症疗法，也可以拆成不同人群的治疗方法。

第二，定主题。拆出来的主题是不是都适合开发成网课，还需要经过一轮选择和排序。选择的依据要看是否匹配应用场景的要求，主要有三种应用场景：系列网课（多用于岗位必备技能、新产品、项目、技术、流程的推出），独立网课（解决一个实际场景下的问题）和配套网课（支持翻转课堂的对应用途，如学习点的准备、常见场景的应用等）；看是否适合网课类型的长度，有现场面授网课（15～45分钟）、微信网课（30～60分钟）、互动网课（5～15分钟）、移动自学网课（5分钟之内）等四大类。

3.选题方向

设计具有吸引力的网课主题，有两大方向的方法：“用”和“趣”。

第一，选题方向为“用”。首先，是突出利益，表达免费、赚钱、升职快等。比如，《三天拿到新人奖》这种“赤裸裸”而又“简单粗暴”的主题恰恰最能点燃大家的学习热情。其次，在主体设计上要能解决问题，常使用“如何”“怎样”“为什么”等。比如，《如何搞定培训开场?》《怎样避免演讲忘词》这样开门见山的主题设置，简单直接，可击中受众的痛点，不失为好的选择。最后，是简单易学，可使用“四招”“五步”“三分钟”等字眼，如《一分钟让你的PPT大变样》等。

第二，选题方向为“趣”。首先，是抱“大腿”，引用明星、专家、老板语录等，如《扎克伯格都做减法了，你呢?》等，引发读者兴趣。其次，是追潮流，借用热点、热词、热门影视等，如《小主的孕事——全面解读三期福利》等，激起读者的好奇心。最后，是要吸眼球，巧用谐音、符号、数字等修辞手法，如《别让人情单成为无情单》等，吸引读者的注意力。

（三）如何让网课内容激发学习兴趣

1.网课导入有诀窍

诀窍一：设定疑问导入法。

如《五分钟看懂血常规化验单》这门课以设问“这是一张血常规的化验单，这么多文字和符号，该从何看起呢?”引出学习主题。

诀窍二：新闻、趣事、典故、故事导入法。

如《谷贱伤农》这门课以叶圣陶名篇《多收了三五斗》的故事导入，引出“谷贱伤农”这一普遍的经济学现象，形成认知冲突。

诀窍三：情境导入法。

如《什么是微课》的导入用三个问题——“微课是教学视频切片？”“微课太短小，没有深度？”“微课太单一，没有实用价值？”创设问题情境，引导学习者思考何为微课。

诀窍四：复习导入法。

对于复习型网课或前后知识点联系比较紧密的网课，可采取复习回顾型导入，通过知识点回顾、提问、小结等方式，回顾复习，建立新旧知识点的联系。

诀窍五：对比导入法。

如《比热容》在导入环节以“新疆昼夜温差大，‘早穿皮袄午穿纱，围着火炉吃西瓜’”的巨大反差，适时引出比热容的抽象概念。

诀窍六：倒叙与悬念导入法。

如《乙烯的结构与性质》的导入，“有一种物质，它看似简单，用途却很大，与我们的生活息息相关。有一种物质，它看似平凡，以它为原料的有机化工却构成了人类现代文明的基础，被誉为‘有机合成之母’。它究竟是什么？它为什么具有那么神奇的功能？”让学生产生强烈的探究欲。

诀窍七：典型案例导入法。

如《调节和控制好自己的情绪》的导入选用一位老奶奶的案例：她的大儿子卖伞，小儿子开洗衣店。天一下雨，她就发愁小儿子洗的衣服没处晒；天晴了，她就发愁大儿子的伞没人买。以此来引入情绪控制的主题。

诀窍八：演示导入法。

如一些化学实验方面的微课，可以用展示效果引出演示实验背后的概念、原理等知识点。

诀窍九：多媒体导入法。

如《拥抱变化，您准备好了吗?》以“变”的多种字形变化（文字动画）为导入，引出主题“变是世界的特征”，接着以“变”为主线，将当代的各种时代特征串联起来。

诀窍十：混合法。

在前面九种方式的基础上，依据网课的课程需要，进行适当的混合和巧妙搭配。

2. 把握声音的“魅力”

网课的讲述者要学会驾驭自己的声音，掌握正确的发声方法。

在网课中，如果想要给受众展现出一个能让人迅速有带入感的课程，展示性话语可能比描绘性话语更有优势。比如，讲述“人体的非条件性反应和应激性反应”时，如果单纯用概念来描述显得既枯燥又抽象，往往不如直接展示一个情景更为直观，更易理解。

寻找课程中那些能够强化情感的地方，使受众感受到情感的力量。比如，《红楼梦》的文学赏析网课，讲到“刘姥姥进大观园”这里，就可以用轻松活泼的能表达情感的形式来展现故事内容，让受众在欢声笑语中加深理解。

适当选择背景音乐，调动受众情绪，营造轻松愉快的学习氛围。

3. 巧妙运用视图

采用“图文并茂”的方式，让受众一目了然地获得信息。

在讲解有难度的学习点时，善于举例子进行辅助说明，帮助受众学会、学懂。

使用类比的方式，将复杂的问题简单化。比如，在《我该找谁筹资?》这门课程中，用从蛋—小鸡—大鸡—鸡群—养鸡场，一步步发展壮大的过程，类比说明资金在不同阶段的作用。

讲课要深入浅出，将有深度的信息用简单明了的语言表达出来。

4.向大平台的优秀课程学习

目前，国内做得非常出色的网络平台有很多，如面向大众的有喜马拉雅、蜻蜓FM、荔枝微课、播客、考拉FM等，面向学习者的有中国大学MOOC、超星学习通、万门大学、网易公开课等。

比如，荔枝微课的专栏课程都是从用户、用户最关心的话题、最棘手的问题为出发点。比如，中年女性用户最关心的是如何更好地经营婚姻，更妥善地处理复杂的家庭关系。荔枝微课专门开辟两个专栏，同时开设了近30门课程，既有著名作家张德芬的心灵成长课程，又有众多专业心理咨询师的倾情讲述，针对中年女性同时承担妻子、母亲、女儿，以及职业人多重身份时会遇到的难题，既有价值观的指引又有方法论的指导，为中年女性用户群体提供了到位的帮助。所以，荔枝微课的用户黏性一直都很好，在众多知识付费平台中是数一数二的。

又如，中国大学MOOC（慕课）是由爱课程网和网易云课堂联合推出的，它的口号是“好的大学没有围墙”，平台上的课程几乎覆盖了大学阶段所有学科。而且，这些课程并不是笼统地划分为学科大类，而是根据大学里学院的专业设置划分每一个学科的。对于学生来说，只要想学习，就完全有机会学到精华知识。

中国大学MOOC紧紧抓住了“自主学习”这个核心，以高质量、干货满满的课程吸引众多的学生，优秀的平台功能设计满足学习者在不同学习情景下的需要，为学习者搭建起了一个完整的线上学习环境。

对于网课的制作者来说，如果是高校教师，主要讲授学科理论知识，那么中国大学MOOC是一个极为优质的平台。

对于网课开发者来说，如何吸引流量和保住流量是一切网课开发设计的重中之重，但还是要回到做课程的初心——以用户为本。课程围绕用户最真实的需求展开，并且坚持换位思考，采用用户最喜欢、最省力的方式讲课，那么收获专一的粉丝用户只是时间早晚的问题。

三、网课“变现”路径

成功的网课都能精准地定位用户，抓住目标群体的痛点，并提供相应的解决策略，持续提供专业化的内容输出，用户积累就自然会升级成为粉丝，再配合成熟连贯的活动运营，粉丝转化率自然就会提高。

（一）用户的口碑是最好的广告

1.以用户的需求为己任

在设计一门网课前，首先，要清楚地知道目标客户群是谁，再深入了解这个群体最急需的是什么，才更容易做出让用户满意的产品。要做到这一点，需要做到有针对性地满足网课学习者的需求，摒弃炫酷不实用的内容；并且，预见用户在未来可能会出现的问题，课程的设计思路及对隐性问题的解决方案要走在用户前面；为不同的用户提供定制服务，能在最大程度上满足用户的不同需求。

2.从用户的痛点切入

（1）帮用户省时。

帮用户省时，用最高效、最便捷的方法学到自己想学的知识，要先区分学习者选择这门网课所处的情况。

一般学习者选择一门网课有三种情况：

第一，学习者是课程讲师的铁杆粉丝，只要是这位讲师讲的，来者不拒，如高晓松的粉丝，追着看《晓说》。不论是优酷还是喜马拉雅，或是蜻蜓FM，收看率都很高。

第二，学习者急切需要获取某一方面的知识和技能，课程设计者就要做到内容精，如为驳杂的课程内容设计一个自助服务体系，可以是关键词的精准搜索，也可以是导引程序的设计，帮助学习者省时省力地进入知识体系。

第三，学习者想借鉴一些网课，如插花课程、厨艺课程等的经验指引做兴趣练习，课程制作者就要全方位呈现制作，详细到每个步骤的分解讲解，每个手法的多方位演示，每个搭配的定量定额等，让新手照做就能上手，无须自己摸索。

（2）为用户省力。

为用户省力包括脑力和体力，这里主要指为用户省财力。定价过低的课程很难有足够的干货内容或者内容不成体系；定价过高，用户购买会有顾虑。如何在保证课程内容质量的前提下，把价格控制在一个吸引用户的档位呢？可以把内容分类整合，将庞杂的体系通过合理拆分制作成体量稍小的系列课程。这样既可以由不同水平和不同学习目标的人自由挑选，也可以将总价格拆分，从整体来说，不会影响收益。

3. 以用户的质疑为标准

课程创作的目的就是供受众使用，受众从使用者的角度指出课程内容存在的某些不合理之处并非无理取闹，所以要正视用户的质疑，摆正心态接受用户的批评和意见，但这并不等于课程开发者要放弃自己的专业立场，只是强调要秉持为用户提供优质内容的初心，来建立与用户之间的信任。

另一方面，课程开发者要能够在用户质疑的基础上，对课程进行完善，解决质疑，以实际行动回应用户，同时，在这个过程中自己的水平也得到了提高。

（二）粉丝的时间就是你的商机

1.见缝插针，占据用户的碎片化时间

用户投入的时间代表了关注度的高低，这是产生实际效益的前提。其具有以下几个特点。

特点一：注重即时性和时效性。

现代人的生活节奏快，工作压力大，他们的业余时间被切割成了一个个碎片，面对这种情况，互联网的内容传播方式必须及时作出调整，让用户有时间、有设备、有网络就可以随时随地查阅浏览。

特点二：满足用户期待。

要积极与用户进行交流互动，了解用户希望在什么时间看到内容的推送，然后满足用户的期待。

特点三：尊重用户习惯。

如果没有得到用户明确的“回应”，那么一切从尊重用户生活习惯和阅读习惯出发即可。比如，针对职场人士的课程可以在他们每天早晚的通勤时间，早上7：00到8：30，下午5：30到7：00来进行推送。

特点四：体谅用户的辛苦。

课程开发者要清楚自己的用户不是全日制学生，要尽可能地帮助他们减少额外学习带来的压力，才能够吸引用户在碎片时间来“打卡”，应做到：考虑到用户的不同学习场景，在内容呈现形式上，可以是视频、音频、文字加图片等多种形式呈现；注意不要把内容放在一个平台，以免课程的传播受限，影响用户使用，可根据课程内容的调性，尽可能多地选择输出平台，提升用户的使用体验，提高课程和内容的点击率。

2.学会推陈出新

首先，形式有趣。

很多年轻化的网课套用动漫人物，套用动漫的情节来吸引年轻人；对图文内容进行升级，采用简笔漫画的形式生动活泼地表达主要内容。

其次，内容有料。

维持新奇感的前提是“有料”，是言之有物。比如，现在有很多面向大学生找工作的培训课程，内容多是给大学生提供不同的思考角度，像“为什么简历能过关却总是输在面试?”“如何在群面中脱颖而出?”都是专注于细微的点，把每一个点都讲透，给用户带来满足感。

最后，运营有法。

想要占领用户的碎片时间，仅有优质的内容还是不够，匹配精准的运营才能在粉丝社群中引起热议。

运营活动是通过组织活动和互动培养用户的使用习惯，如连续点击打卡可以获取会员福利，闯关答题可以获取课程免费机会，定期发起主讲人在线答疑互动，策划线下用户见面会能很好地融入粉丝生活，等等。无论上述的活动是日常互动还是精心策划的，假以时日，都可以慢慢占据用户的时间。

现在很多付费课程都在打造自己的粉丝社群，想要进一步学习的用户可以付费入群，成为课程的粉丝，这些粉丝通常也是年度会员。在群里，粉丝之间可以相互交流，建立归属感和认同感。同时，课程主讲人或者开发者可以即时回复粉丝的质疑和问题，为粉丝提供更好的服务，就相当于把课堂延伸到生活中，增强了用户黏性。

3.有效实现用户转化率

首先，重点培养超级粉丝。

铁杆粉丝对课程带来的宣传作用和经济效益是不可估量的。课程开发者应该选择什么样的用户作为潜力铁杆粉丝来培养呢？首先，要重视订阅时间最长的用户，因为这类消费者已经认可课程给自己带来的帮助，而且也喜欢产品的调性，这批元老级用户应该得到特殊优待。其次，要选择活跃度最高的用户，他们持续高度地关注课程的新动态，说明课程确实契合他们的需求，通过进一步的深度了解就可以为这批用户提供更加精准的服务。最后，经常在社群或者后台反馈意见的用户也值得高度重视，在这样的粉丝型用户的帮助和激励下，课程开发者能不断提升产品的质量，形成良性循环。

其次，用福利回馈粉丝。

仅凭欣赏和兴趣无法真正打动粉丝，只有切实给粉丝专属特权，让粉丝感受到实际的优惠，才能事半功倍。

给粉丝的特权有很多形式，如新课程上线第一时间通知；凭借会员标记可以免费听一部分课程；主动听取老粉丝的意见，给他们一定程度的参与制作权利，等等。其实，粉丝能够回馈给产品开发者的也很多，如每次上线新课程或者新栏目就会围观，增加人气甚至直接购买，在朋友圈和微博主动宣传，提出有参考价值的意见，等等。

最后，粉丝与产品并肩前行。

课程开发者要珍视已经积累的粉丝用户，积极倾听他们的意见，鼓励他们发声，这会让产品未来发展得更好。比如，《罗辑思维》当初就有一大群跟随产品共同成长的大学生粉丝，从罗振宇还在优酷做视频节目的时候就追随他，当他创建了“得到”APP，这批当年的大学生虽然已经进入职场，但依旧保持了早上收听罗振宇60秒语音的习惯。可见，《罗辑思维》的成功离不开多年相伴的粉丝的一路支持。

知识经济时代，网课的蓬勃发展是大势所趋，网课制作也是未来“知识付费”行业最主流的变现方式。因为真正的知识是值得付费的，我国自古就是教育大国，国民对于教育和知识有着高度的认同。未来，知识付费会随着技术的发展和进步继续进化。

链接： 网课的灵魂就是课程内容，只有内容出彩，其他的包装手法才能生效，否则过度的营销包装只会拉高学习者的期望，若得不到满足，差评就会出现。从传统课堂到网络课堂，好内容的标准一直没变，即使用学生喜闻乐见的形式，准确地满足学生的知识需求。只是网课的市场属性更强一些，更直接地受到学习者的偏好影响。成功的知识分享平台和课程节目从一开始就着重培养粉丝，积累流量，粉丝黏性和打开率、使用时间是衡量一门课程或者一个平台是否成功的重要指标。“网课”二字，重点在于“课”，“网”只是其呈现的方式，紧跟潮流固然重要，保持初心才是长久之计。

第三节　网络脱口秀

近年来，网络脱口秀发展势头很猛，《大鹏嘚吧嘚》《奇葩说》《脱口秀大会》以强烈的个人风格、独具魅力的观点、灵活的制作方式和真诚的表达，吸纳了高黏度的忠诚用户，成为深受观众喜爱的电视节目。

特别是《脱口秀大会》第三季在2020年成功“出圈”，登上“夏日顶流”。艺恩视频智库数据显示，截至2020年9月21日，《脱口秀大会》第三季平均每期播放量超1.1亿，远超上两季节目的表现，获得了观众极大的观看热情。决赛当晚，更是在全网收获44个热搜。网络自制脱口秀无疑成为当前网络时代这块肥沃土壤中一棵茁壮成长的大树。

一、网络脱口秀的产生背景

1926年，“脱口秀”首次作为节目出现在美国荧屏上，而20世纪80年代出现的诸如《奥普拉脱口秀》名人谈话类的娱乐性和社会热点性较强的脱口秀节目，使得它收获了更多好评。“脱口秀”是英文音译，在我国的发展是从20世纪90年代开始的，《东方直播室》是我国最早的电视“脱口秀”节目，而在我国的盛行和风靡则是始于CCTV播出的由崔永元主持的《实话实说》，给百姓提供自由发言的机会，使得人们对该节目产生了很强的认同感。脱口秀节目受欢迎多源于主持人所具有的独特人格魅力，他们对于一档脱口秀节目的作用可以说是举足轻重，算得上是节目的灵魂人物了。①

2007年，搜狐推出“中国互联网第一档网络脱口秀节目”《大鹏嘚吧嘚》，成为国内互联网界最成功的网络节目之一。随着新媒介技术的发展，互联网的低门槛也为众多草根阶层搭建了发声的平台，网络自制脱口秀随之异军突起。所谓网络自制是指爱奇艺、优酷等各大视频网站自主开发设计并且在自己的平台独家播出、拥有独立版权的内容，目前主要包括自制剧、自制节目和微电影等。其中，知识类脱口秀非常引人注目，成为继自制剧、真人秀之后网络自制节目中的一大亮点，开启了互联网的“说时代”。

知识类脱口秀兼具知识性和娱乐性的特点，除了能给人带来对社会热点事件的深刻思考，同时充满娱乐性的放松感和欢乐。它的出现打破了人们一直以来认为网络自制节目只是泛娱乐性的快餐文化，缺乏深度和沉淀的固有看法。而且，这些脱口秀多采用简洁快速、轻松幽默的方式传播知识和观点，具有强烈的个人风格和魅力，契合了当前碎片化、视像化时代的网民需求。

比如，罗振宇的《罗辑思维》、高晓松的《晓松奇谈》都是知识类脱口秀中的佼佼者，创下了播放量过亿的成绩，赢得受众的广泛认可。

---

①杨蕾.谈我国网络自制脱口秀节目的发展[J].传媒论坛，2020，3(01)：42.

二、网络脱口秀的特点

（一）小制作，高点击

从2017年开播的《脱口秀大会》，它的收视率每年都呈上升态势：第一季6.8；第二季7.6；第三季8.0；到了2021年，《脱口秀大会4》第一期刚播出完毕，就获得了1.57亿的播放量。

和传统的电视脱口秀相比，网络脱口秀更加灵活、接地气，还充分利用了网络的特点，采用视频、音频等形式，融合网站、微博、微信等渠道，创新性地纳入了弹幕等多种手段，注重用户的参与、互动，提升用户体验。①

网络脱口秀不追求打造华丽炫目的视听盛宴，制作成本相对较低，但这并不意味着《脱口秀大会》这样的成功模式可以轻易复制。因为，这类节目是以深刻的内容、独特的见解吸引受众。

比如，《脱口秀大会》既有程璐、王建国、庞博、杨笠等专业脱口秀演员，也有李雪琴这样的北大高才生参与，说话都不按套路出牌，各有各的笑点。再如，“雪国列车”（李雪琴、王建国）CP的“糖”让观众忍俊不禁，杨笠谈“男人普通却自信”的段子出圈了。他们扎实的知识、丰富的阅历、独到的见解，以及驾驭话题的能力，有魅力、有个性的叙述风格，形成特色的“魅力人格体”，使这档脱口秀节目获得巨大成功。

另外，高点击率离不开强大的策划团队。网络脱口秀作为长期稳定播出的节目，每周都要有内容更新，仅凭脱口秀演员的一己之力难以支撑，只有强有力的策划团队才能不断为节目输送新鲜选题与优质内容，保持节目稳定的水准。所以，脱口秀演员及其策划团队需要不断修炼

①刘存宽．“说时代”网络脱口秀：小众市场，大众影响[J].视听界2016(01)：55-58.

“内功”，努力提升节目的知识含量与观点深度，形成独树一帜的讲述风格，才能让基业长青。

（二）低姿态，高黏性

脱口秀在中国从来没有像今天这样火爆：《吐槽大会》从2017年1月8日到3月26日，近3个月时间，10期节目总播放量达13.8亿；《脱口秀大会》创建了“中国式幽默”的正确打开方式；《奇葩说》播出4季后更是捧红了一大批“奇葩辩手”。

脱口秀的核心看点在于观点和语言，“真诚地表达”是网络脱口秀的共识。网络脱口秀用户的黏性非常高，高于一般的综艺节目。据统计，其忠诚用户的比例占40%～50%。

网络脱口秀并不是做一个节目，而是在做一场“体验”，能让用户领略不一样的事物，带来现实生活中没有的触动点。它以互联网为纽带，通过口碑让小众群体带动大众关注，将个性化内容不断放大。所以，网络脱口秀创作者不能跟风创作，并且需要不断提高制作水准、艺术品位和思想内涵，使这一艺术门类步入健康可持续的发展轨道。

三、网络脱口秀的创作

（一）脱口秀撰稿最重要的是积累

首先，从各个渠道，如网络、书刊等尽可能多地收集段子，特别要注意收集那些来自生活中的段子，虽然包袱没那么硬，但却容易引起共鸣，可以随身准备一个小笔记本，听到有意思的段子就记下来。

其次，要学会分类，建议大家在电脑上新建一个段子宝库文件夹，分为各种小的文件夹，如校园段子、情感段子、职场段子、婚姻段子等。

再次，关注时事热点，试图从中找到有意思的内容和角度，时事热点段子既能激发你的思考，也能让你的段子更有深度，脱口秀中的很多段子都跟时事挂钩。

最后，多看好的脱口秀表演，主要是学习别人说笑话时的节奏和方式，很多段子写出来不错，但讲起来却不行，所以观摩别人的脱口秀很有必要。

（二）笑话需要两条故事线

1.什么是笑话

脱口秀是关于笑话的写作。什么是笑话呢？笑话分为铺垫和笑点两部分。举个例子，笑果编剧思文（思文和程璐是夫妻）曾讲过一个笑话："男女之间是否有纯友谊""我和程璐就是"（铺垫），"时间长了，他对你可纯洁了，一丝邪念都没有，就算穿成透明站在他面前，他都可以当你是透明"（笑点）。

2.笑话的两条故事线

笑话的铺垫部分在我们的头脑中创造"故事1"，如思文和程璐这对夫妻之间存在纯友谊，让我们产生预期；之后，笑点部分用合乎情理而又在预期之外的"故事2"制造意外，如"男女之间竟然可以纯洁到穿成透明也会被视若无睹"。

上述这个笑话的铺垫和笑点创造呈现出两条故事线（故事1和故事2），如果没有故事2，就没有意外，没有意外就不是笑话。

3.为什么意外这么重要呢

第一，只有意外才能满足听笑话人的期待感。

当你说一个笑话时，听者就对它产生了期待，期待听到一个出乎他意料的包袱，如果没有满足他的这种期待，那他就会失望第二，喜悦常常来源于意外。

一件事情如果你很早就知道了结果，哪怕它本身是件喜事，但那种愉悦感已经在逐渐减弱了，英文中的surprise就是这个意思。

第三，意外是战胜听众的唯一办法。

在某种意义上，说笑话其实是在跟与听众比拼智力，如果你能利用自己的智商去制造出意外来引人发笑就成功了，否则就输了。

（三）如何制造意外

1.耐心地作铺垫

脱口秀演员说笑话，要像悬疑小说一样，先把听众的胃口吊起来，耐心作铺垫，这样后面的反转才会显得有力量。

比如，脱口秀演员鸟鸟调侃自己相貌的段子，开始就是一个劲地作铺垫：“大家有没有听说过一个词，叫‘体象障碍’，这是一种认知障碍，如一个人其实不丑，但是他觉得自己长得丑”，观众听到这里还不太明白，直到后半句——“我想去医院看一下我有没有这个毛病，又怕医生说我没有”冒出来后，观众才意识到原来是正话反说。

2.降低听者的期待

降低听者的期待，就是让他们对你的期望值不高，而你讲出惊艳的笑话，就能超出他们的期待，赢得笑声。比如，美国脱口秀演员黄西，曾被美国观众质疑没有幽默感，观众的期待值并不高，但事实证明他不但行，还站在了白宫记者年会这样属于美国最主流的脱口秀舞台上。这种低期待、高意外的情况是他成功的原因之一。

3.不讲过时的段子

这里的过时指的是时间上的过时和内容上的过时。

时间上的不过时，就是不讲老段子，可以把自己的经历讲成段子，而不是讲网上别人很可能听过的段子；在内容上，脱口秀演员要培养敏锐的嗅觉，对内容有精准的判断：涉及时事的段子，一定不要讲三个月以前的事情，而流行语的存活期往往也不超过三天。

4.利用逆向思维

创造意外的本质就是与听者的思维逆向而行，听者以为你会往哪个方向走，你偏要逆着来。

比如，脱口秀演员颜怡、颜悦调侃自己的段子："有一次我们想看一下弹幕，看一下观众如何评价我们，结果看到弹幕上说'左边的那个脸更大'"。听众本以为弹幕会评价一下两人的表演风格，没想到说到容貌上了。这就是典型的逆向思维。

（四）段子也需要共情

有的时候，脱口秀演员可能会遇到一种状况，就是说的笑话无论自认为多好笑，表达得多到位，但观众就是不笑。出现这种情况的原因就是你说的笑话内容或情感点，观众并不关心，也就是这些笑话不具备共情能力。

怎样才能让段子与观众产生共情呢？

1.认知要共情

脱口秀里有句话——"知道你的观众"，说的就是脱口秀演员一定要知道听众的想法和感受才能逗他们笑。

比如，脱口秀演员呼兰有一个经典的段子，"早上，站在地铁里，想干翻全世界；晚上，站在地铁里，被世界干得服服帖帖！"这个段子之所以受欢迎，就是因为呼兰知道生活的酸甜苦辣，能够与在生活中挣扎的人们共情，自然能够打动他们。

2. 情感要共情

人是感情动物，彼此之间的关系是靠情感联系，如亲情、友情、爱情、师生情等，当脱口秀演员讲的笑话与观众渴望或正在经历的情感相吻合时，笑话的功能就会发挥到最大。

比如，黄西婚前和当时热恋的女朋友散步，突然间，女孩子问黄西：“你要是爱上其他女孩该怎么办呢？”黄西随机应变：“不可能，因为在我们搞生物化学的人的眼睛里，所有女人都是碳水化合物。”虽然，黄西觉得这个段子一般，但热恋中的女朋友笑得前仰后合，就是因为女友对他有情感。

3. 三观要共情

每个人都有自己的三观（世界观、人生观、价值观）。如果脱口秀演员讲的题材是观众喜欢的，情感上也能感同身受，但是双方三观不契合，即使这个笑话再好笑也等于是对牛弹琴。这里需要提醒脱口秀演员的就是，在大是大非的原则面前要站稳立场，不能站在公序良俗的对立面说笑，如偷税漏税、第三者插足、虐待动物等。

总之，共情是一种能力，如果想说好笑话，首先要做一个优秀的沟通者，还有就是把真诚放在首位，不要虚情假意地说笑。真诚就是最好的共情，也是最好的脱口秀风格。

（五）聪明的笑话才更高明

现在，那种比谁嗓门大的喜剧表演方式已经过时了，有智慧底蕴的笑话看起来更高明，因为听众大多都有智力崇拜，能听得懂高明的笑话，表明自己也很厉害，会产生精神上的愉悦。

如何才能说出有智慧的笑话呢？

1.第一种方法：学会说潜台词

太直白的笑话很乏味的原因就是因为把要表达的东西直接摆到观众面前了，这是一种贬低观众智商的行为，其实观众的智商比想象中要高很多，而且口味很刁，并不容易满足。所以，脱口秀演员说笑话要把观众想象成智商和你一样，甚至更高的人，包袱的背后埋藏着潜台词，会让观众觉得你的笑话很有智慧。

比如，爱尔兰剧作家萧伯纳是1925年的诺贝尔文学奖获得者，同时也是一位才华横溢的段子手，他有一个段子流传很广：一位著名女舞蹈家给萧伯纳写了一封求爱信，信中说如果他俩结婚，就能实现优生优育，“生的孩子有你那样的智慧和我这样的外貌，该有多么美妙!”萧伯纳在回信中明确表示不能接受这番好意，理由是“如果万一孩子有我这样的外貌和你那样的智慧，就糟糕了。”萧伯纳一针见血地指出舞蹈家空有一副好皮囊，这就是笑话背后的潜台词。

2.第二种方法：控制节奏，注意留白

中国的山水画讲究留白。比如，画一幅春意盎然的图画，有的画家会画花园里盛开了很多鲜花，或者庭院里树木冒出了绿芽，但有的画家十分高明，仅仅画一只蜜蜂停落在一朵花上采蜜，让观赏者自己想象：天气变暖，连蜜蜂都出来活动了，一下子就找到了春天的感觉。这种表现手法就是留白。说脱口秀是同样的道理，好的笑话是脱口秀演员和观众合作产生的，脱口秀演员说一个引子，观众自己脑补画面，两者产生“化学反应”。所以，脱口秀演员说笑话时不要说得太清楚明白，要控制节奏，要给观众的联想和反应空间留有余地。

3.第三种方法：大智若愚，让自己表现得笨一点

其实，这点就是要求脱口秀演员要刻意制造反差，往往会有出其不意的效果。

比如，一个男孩试图向漂亮女孩发出约会邀请：“你愿意周末和我一起去看电影吗?”美女白她一眼，说：“NO!”男孩不死心，接着问：“你确定吗？因为NO在化学里是一氧化氮的意思。”这里所造成的反差会把观众逗乐。

需要提醒脱口秀演员的是，要注意说“聪明”话题的笑话的禁忌，就是千万不要自以为聪明，刻意表现自己的聪明和智慧，因为这可能会弄巧成拙，越界就变成愚蠢了。

总而言之，一篇好的脱口秀稿子是千锤百炼的结果，每一个段子都经过精心的设计和反复的验证，就是那些看似即兴的段子也是演员根据当时现场的情况从自己庞大的段子库中选出来的。所以，脱口秀演员并不是天生就具有幽默的才华，而是因为平时就下了很大的功夫，在脑子里储备了成千上万条适合各种人群和场合的段子，需要用时，随时抽出一条就可以用，不至于冷场。从这个角度说，关于脱口秀文稿的创作和表演，千言万语化为一条，就是“熟能生巧”，做到平时多写、多说、多练，技艺才会不断精进。

链接：目前，国内网络脱口秀的赛道挤满了竞争者，一个节目要想脱颖而出，需要在自身的内容经营上体现出差异性。但这种差异性并不是靠庸俗和重口味话题来博人眼球，争取受众。这种做法并不可取，只会造成审美疲劳，导致受众流失。所以，不能一味地迎合受众的口味和需求，要注重节目的品质，最重要的是要有自身特色，因为只有具有特色的、个性化的内容才能增加用户黏性，形成较为固定的受众人群。

第四节　喜剧的创作

我们在前面新媒体平台这章里就详细阐述过“年轻态喜剧”的概念、受众定位、内容形态及传播链路。“年轻态喜剧”作为喜剧的一种类型，脱离不了喜剧创作的底层逻辑。基于此，在本章节，我们着重谈一谈喜剧的创作技巧。

一、喜剧的概念和形式

喜剧是以夸张的手法、巧妙的结构、诙谐的台词及对喜剧性格的刻画，从而引起人们对丑的、滑稽的内容的嘲笑，对正常的人生和美好的理想予以肯定。比较常见的喜剧类型，有相声、小品和短剧。

小品的创作：要结合故事和人物，以凸显人物和矛盾冲突来展现小品创作的独特属性，难点在于故事的矛盾和冲突的结构化设计。

相声的创作：要抓住相声独特模式的技巧来进行创作，创作程度比小品复杂，难点在于迅速将观众带入情境，除了剧本，演员也是一大考验。

短剧的创作：要呈现一个很有结构性的故事线，并且在故事中穿插各种喜剧技巧和矛盾冲突，是相声和喜剧的综合，但是人物当先。

二、喜剧创作注意事项

（一）避开素材选取的误区

在素材选取上，大家认为找一些成型的笑话来套用并不可取，喜剧作品更是贴近人民、贴近生活的作品，让大家有共鸣，就需要“以小见大”。寻找素材切记不要范围太大，如果范围较大，要从一个面分支出几个点来找。比如，创作一个弘扬主旋律的作品，可以从学校里找素材，塑造几个老、中、青年龄段的典型人物，以他们的生活来反映社会主义核心价值观的主题，就比较真实可信。

（二）不要忽略故事的结构

在喜剧创作中，一个完整的故事需要一个完整的结构。喜剧创作最怕的就是无结构，如拼凑型，将一两个小笑话拼凑在一起，两者之间无任何逻辑联系，盲目追求“短平快”，一两句就要有笑点，这无疑是一种弊病。

好的喜剧创作需要整体性的喜剧结构：有头有尾，中间部分很饱满，这个故事既有完整的喜剧结构，又穿插了喜剧技巧，就会给观众留下深刻的印象。

（三）注意碎片式的融合

这种形式在西方喜剧，如憨豆喜剧当中有体现。比如，憨豆先生系列电影有《憨豆先生的大灾难》《憨豆特工》《憨豆先生的假期》《憨探奇案2》《憨豆的黄金周》等。这几部电影故事各自独立，故事是碎片式的，但憨豆人物是前后贯穿的，所以碎片并不是真正意义上的碎片。

（四）忌讳零技巧展现

喜剧创作最忌讳的就是不运用任何喜剧技巧，往往只是对一些故事的叙述，或者是在某个词语、某一个点上生硬地安排一些笑点。在这一点上，喜剧要向相声学习创作技巧。比如，相声的一种创作艺术手法——铺平垫稳，一个包袱抖开时要取得预期的效果，需要事先安排一些伏线，为笑料的迸发打下基础，并创造出条件，安排伏线的过程就是铺平垫稳的过程，像“三番四抖”就是相声组织包袱的手段之一，经过再三的铺垫衬托，对人物故事加以渲染或者制造气氛，把包袱展开，产生笑料。

三、喜剧创作步骤

（一）喜剧效果的产生

喜剧分为性格喜剧和情境喜剧。

性格喜剧集中反映欲望和缺陷，当故事中的人物为爱情、金钱、好胜心等欲望付出不相称的代价，喜剧效果就产生了。比如，朱德庸漫画“涩女郎”中的结婚狂，为了结婚变成了“一根筋”，这时喜剧效应就产生了。

情景喜剧，也称处境喜剧，一般有固定的主演阵容，有一条或多条故事线，围绕着一个或多个固定场景进行，如家庭、职场、校园等。中国第一部情景喜剧是《我爱我家》，展示了改革大潮中20世纪90年代北京一个六口之家绚丽斑斓的生活画卷。

另外，喜剧的最大特征就是间离，就是让人物倒霉出丑，却不让观众对他产生同情。其实所有戏剧的核心，都是人物陷入困境，然后突破困境。困境有大小，有真假。对于喜剧性的困境，观众不会产生怜悯，因为观众一开始就知道你要表现什么，不用跟他解释，观众的期待不在于此。所以，如果想在喜剧中煽情，就会发现那是多余的。

（二）创作喜剧故事，需要把人物做到极致

怎样才算做到极致？比如，卓别林在《摩登时代》里饰演的工人查

理，在资本家的压榨下，每天没日没夜地拧螺帽，以致上瘾，离开工厂后，在大街上他甚至将女士的扣子都看成螺帽，追赶着“拧”。

从这个例子当中，我们可以看出喜剧人物一定要有特征，要有鲜明、独特的喜剧性格，鲜明就是见过以后一辈子忘不掉，独特则是要在细节里展现出来。比如，《莫扎特》这部剧里，莫扎特的笑声非常有特点，非常天真，这一特征一下子就把莫扎特的人物形象符号化了。

（三）塑造喜剧冲突

喜剧冲突有两种：第一种是人与人的冲突，如卓别林，是与喜剧人物的冲突；第二种是人和环境的冲突，如憨豆的人设就是他的喜剧性格，周围的人都是相对正常的英国人，憨豆的所作所为可以看作是对刻板文化甚至体制的挑战。这是两种喜剧冲突方式，按照业内人士的说法，现在只有第一种，没有第二种。

（四）塑造人物性格

1.需要确定一种人物类型

比如，这个人物具有自卑自怜、神经大条、极度吝啬等基本特征，像《涩女郎》中的“万人迷”，具有明显的“窈窕淑女，君子好逑”的外貌特征。

2.用一句话来阐述这种性格

比如，对守财奴葛朗台的描写，“看到金子，占有金子，便是葛朗台的执着”，淋漓尽致地表现了他嗜财如命的性格特点。

3.写一段话表现人物性格特点

比如，《儒林外史》表现吝啬鬼严监生的性格，重点描写了他临终时的表现：严监生喉咙里，痰响得一进一出，一声不倒一声的，总不得断气。还把手从被单里拿出来，伸着两个指头……赵氏慌忙揩揩眼泪，走近上前道："爷，只有我晓得你的意思！你是以为那盏灯里点的是两茎灯草，不放心，恐费了油。我如今挑掉一茎就是了。"说罢，忙走去挑掉一茎；众人看严监生时，只见他点一点头，把手垂下，登时就没了气。这一段话惟妙惟肖地表现出严监生吝啬成性的特点。

4.写一段戏展现人物的冲突

这段戏是这个人物和另外一个人物的戏，表现两个人之间的冲突，让观众明白：原来这个人是这样的。

（五）创造喜剧情境

喜剧情境的核心就是误会和巧合。用好误会和巧合，最核心的就是让人陷入戏剧性困境，这时故事就发生了。

比如，影片《人在囧途》讲述了一个小有成就的玩具公司老板李成功，一个没有拿到工钱的农民工牛耿都在春运中开始了旅行，一路上霉运不断，经历了飞机停飞、汽车出事故、丢钱包、拥挤的火车等囧事，两人囧相百出，这就创造出了喜剧情境。

（六）用喜剧性格将人物点石成金

喜剧创作中的难点在于喜剧不是单纯的抖包袱和说俏皮话，不是讲笑话，塑造具有喜剧性格的人物才是最重要的。

比如，影片《西虹市首富》里的王多鱼在一夜暴富之前，曾落魄到假扮女人踢女足来讨生活；人生低谷时，还抱着栏杆唱《满江红》，"仰天长啸壮怀激烈"；在继承二爷爷的300亿财产一夜暴富之后，一掷千金，行为嚣张，前后的反差就体现了他身上的喜剧性格。

值得注意的是，创造人物形象要突破僵化的思维模式，不要用常规的价值判断代替艺术判断。

（七）喜剧不要写得太满

一个爆笑喜剧需要几分钟一个笑点，但也不是越多越好。因为，观众笑多了也会疲劳，有时候需要一定的克制和节奏感，也就是要留白。

比如，电影《爱情神话》里的主人公老白和他生命中的三个女人发生交集的一个场景是在饭桌上，大家吃的是老白做的菜，三个女人争风吃醋，各不相让。“不过不管怎么讲，我们是来吃饭的，顾客就是上帝，没听说过上帝为了一盘菜打起来的。”“还是盘剩菜。”“我是最不喜欢跟别人抢着吃的。”这些喜剧化的语言就显得克制，反映了留白的技巧。

（八）喜剧要有品味

卓别林说他是从人类的悲剧出发，建立自己的喜剧体系。也就是说“最高级的喜剧是悲剧”。

比如，周星驰的一系列喜剧电影都是这种类型，每一部都体现了悲凉的人生底色：《少林足球》体现了“做人如果没有梦想，那和咸鱼有什么区别”；《国产凌凌漆》体现了“我以为凭我们的交情，可以讲点感情，没想到还是一笔买卖”……周星驰的喜剧电影受欢迎的原因就在于观众能从中看到对生活的自嘲和对生活深刻的感受，是有深度的喜剧，不是无聊的卖笑，所以能打动人心，产生共鸣。

总之，喜剧创作是艰难的，艰难就体现在如何通过喜剧的外核去窥探世界，窥探人性，引发人们更深层次的思考；如何通过喜剧中的人物来反思自己的人生，通过其中的世界来思考当下。基于此创作出既可以让人发笑，同时又可以让人回味、深思的作品，成为当下每个剧作者的职责。

链接：喜剧创作者在创作中要善于处理以下关系：首先，是生活和艺术的关系，既不能过于追求生活使作品流于俗，也不能过于追求艺术，让作品不接地气，受众面小，要时刻把握艺术来源于生活却高于生活的创作思维；其次，要注意雅与俗的关系，既不能过于追求高雅，放弃喜剧效果，也不能过俗，没有任何反思和美的感受；再次，处理好幽默与滑稽的关系，喜剧作品不能只靠简单、表面的滑稽来满足大家的要求，更多的是要挖掘生活中的内涵，走进人性，用幽默来达到喜剧效果；最后，还要处理好特殊与共同性的关系，要搞清楚喜剧的受众是大众还是个别群体，因为它会影响到创作者从一开始的构思到后续的创作。

第八章

新媒体的对外传播：寻找“中国故事、国际表达”的最佳方式

随着经济全球化和社会的快速发展，我国对外传播已经逐渐在消息传播领域占主导地位，成为向世界展示中国国家形象的重要传播方式。新媒体时代，如何用好新媒体、大数据、云计算、人工智能等技术手段讲好中国故事，讲明中国道理，讲清中国价值，实现中国叙事更有效的国际传播，成为我国对外传播面临的一项紧迫而艰巨的任务。

中国经济的迅速发展，在全世界有目共睹，随着中国的综合国力和国际地位的不断提升，世界对中国的关注度及中国媒体的能见度比以往任何时候都高。但是，中国媒体在国际舆论舞台上仍然减少话语权，因为国际舆论舞台仍由西方主导，对中国充满歧视和偏见。在这种情况下，有些特别想让海外知道的信息由于种种原因没能广泛传播开，反而被西方媒体的报道先入为主地误导和误读。为塑造中国的国际形象，提升中国话语的国际影响力，需要积极主动做好新媒体对外传播工作。

如何才能从重重舆论包围中发出自己的声音，主动向世界介绍中国，实现连接中外、与世界沟通呢?

这就需要我们在进行新媒体对外传播产品制作时，要在尊重新闻传播规律的基础上，讲好中国故事，注意选题策划的贴近性和吸引力，在充分了解东西方文化异同的背景下，用外国受众听得懂、听得进的内容进行传播。

另一方面，还要注意做到“国际表达”，关注英美一些主流媒体的新型传播方式，借用他山之石，在传播过程中能够起到事半功倍的效果。

第一节　利用选题策划讲好中国故事

一、从感性视角入手，对中国话题进行小切口的解读和分析

大部分国外普通受众不了解中国特定事件的背景知识，所以，对外传播要少讲抽象和庞大的概念，需要展现非常具体和形象的内容，通过中国故事的国际表达，从不同侧面塑造真实、丰满、立体、全面的中国形象。

案例：2022年3月31日，中国网《中国3分钟》推出短视频《内蒙

古女孩“技”惊四座 中国杂技尽显独特魅力》，以具有民族文化特色的杂技节目为切入点，塑造大国形象，在向海外网友普及杂技知识的同时，让他们真实感受中国传统与现代杂技之美、之绝、之多彩。

二、对外传播要做到“先声夺人”和“后发制人”

（一）“先声夺人”

“先声夺人”，即积极主动地向世界发出重要的、敏感话题上的中国声音，报道中国丰富多彩的真实情况，针对外国受众对中国的误解和盲区，有意识地解答一些问题，同时纠正驻华外国记者的一些歪曲报道。[①]

案例：在中国脱贫攻坚取得重大胜利之际，中央广播电视总台于2020年10月至2021年1月持续开展“脱贫攻坚看中国”海外受众互动活动，以新媒体视频直播、Vlog短视频、微纪录片、竞猜、互动问答等融媒体互动方式，向44种语言的海外受众讲述一个个精彩的中国脱贫攻坚故事，推出系列融媒体互动产品近900篇，吸引海外受众广泛关注，积极互动，总触达人次7877.47万，互动量506.31万。中国脱贫攻坚的新成就、新经验获得海外受众的盛赞。[②]

（二）“后发制人”

与“先声夺人”不同的是“后发制人”，即选取外部世界关心的问题，通过周密的调查研究，有针对性地进行报道，有效展示形象。[③]

案例：中国国际电视台（CGTN）制作的交互可视化产品——《为人

①王亚宏，张春燕.新媒体对外传播内容制作[M].上海：复旦大学出版社，2020.

②总台海外受众盛赞中国脱贫攻坚新成就[N].中央广播电视总台央视新闻，2021-02-24.

③中国记协网.为人民[EB/OL].http://www.zgjx.cn/2020-06/30/c_1 391 7791 4_2.htm

民》，紧扣“人民代表为人民”的主题，通过国家统计局和各级人大网等权威信息源收集了20多万条代表数据，并利用大数据技术进行加工处理，创造性地用2975颗彩色粒子来象征2975名第十三届全国人大代表，每颗粒子对应一名代表的信息，通过泡泡图、树状图等数据专业图表和D3交互技术进行可视化呈现，总结出代表平均年龄为53.77岁、女性代表（24.94%）比例增加等要点，独家统计出1777名代表的最高学历专业数据，信息流顺畅，信息层次丰富，有助于海外受众了解中国的政治制度。

三、找准中外利益的最大公约数和情感最强共通点

当前，国际舆论环境异常复杂，斗争形势也更加严峻，对外传播应找准“最大公约数”，努力寻找中外利益交汇点、话语共同点、情感共鸣点，让中国人民与世界各国人民追求美好生活的梦想相通相融，使中国的发展理念、发展道路与世界发展潮流、全球发展事业相呼应。

案例：2022年冬奥会前夕，CGTN携手文化和旅游部中外文化交流中心、腾讯微信联合推出《冰雪中国》系列直播及短视频，在对外传播中遵循了全球文化的“最大公约数”原则，以“体育运动”这一公共符号作为切入口，能够引发海外受众共鸣，契合传播平台调性；并且，弱化了传播内容中的宣传色彩，聚焦中国人的运动精神与生活态度，从人类共通的意义层面策划传播内容，将对北京冬奥会本身的介绍转为对中国冰雪运动历史的回顾，突出了短视频和直播的网性与人性，减轻了传播阻力。

四、找到独家角度报道热点新闻

热点新闻在对外传播中自带流量，国际国内媒体都会加大马力报道这些内容，只有找到独家角度，才能在海量报道中脱颖而出。

案例：在新冠肺炎疫情蔓延期间，CGTN英语频道制作播出了三期系列新闻纪录片《武汉24小时》，在《震中》《隔离》和《复苏》三部曲中，我们可以看到发生在武汉新冠疫情期间普通病人、重症患者、康复人员、方舱医院的护士、驰援武汉的医生、自我隔离的居民、社区工作者、外卖骑手等人物身上的感人的故事，他们组成了武汉全面升级管控措施后的众生相，讲述武汉人民抗“疫”点滴，展现中国在这场没有硝烟的战“疫”中的坚强与信心、温情与关爱、担当与责任。

另外，在互联网时代，对外传播有了更多的载体、平台和渠道，要借鉴新的内容生产方式，如Twitter、Youtube等不同的信息提供方讲述中国故事的方式和形式，跟上传播环境的变化，形成多元化、矩阵化的国际传播产品。

链接： 讲好中国故事，要处理好“陈情”和“说理”的关系。讲故事是以生动的故事情节、能打动人的人物塑造、充沛的情感来给听故事的受众带来美的熏陶。但是，对外传播在讲好中国故事的同时，还被赋予了历史使命——推动国际受众由浅入深地认知中国的大国形象，要真正理解中国故事背后体现的“中国道理”，对“中国制度”有一个客观公正的认识。

第二节　了解国外选题思路

一、推出用户体验和参与度好的交互式新闻产品

互动新闻最显著的特点就是“互动性”。在互动新闻产品里，用户可以体验到一种双向交流，虽然这些产品的设计者仍然会对用户的操作进

行限制，但是，用户可以遵循自己的选择路径去发掘和体验。[①]

案例：针对2019年英国下议院议长约翰·博考因频繁喊出“Order（肃静）”而成为网络红人这一现象，英国媒体《泰晤士报》设计了一款互动新闻产品《这次换你做议长》。这款产品中用户可以体验下议院议长的日常工作，感知议会中的哪些行为是被允许的，哪些行为是被禁止的，什么时候需要维持会议秩序等。

二、与社交媒体互动扩大传播效果

如今，社交媒体已进入千家万户，给全世界的媒体行业带来强烈冲击的同时，也提供了前所未有的机遇。

为了应对新媒体带来的冲击，适应社会发展的潮流，欧美媒体纷纷建立了自己的社交网站公共账号，使传统新闻行业与互联网进行有效融合。

案例：《芝加哥论坛报》的突发新闻中心要求记者开设博客和建立自己的Twitter账号，并将这些博客等的地址列在主页，以便读者选择。另外，报社除了将记者采访到的各种最新报道放在网站主页，还会关注读者评论，并通过在Twitter上反向追随读者，发现他们近期关注的话题，从中寻找出有用的新闻线索。

三、通过可视化将新闻变得可见且形象

新闻可视化是外国媒体融合报道的一大利器。因为，在媒体融合的时代，外国媒体注意到简单的告知并不受欢迎，于是，利用新媒体技术

① 赛立信媒介研究.【他山之石】互动新闻的前世今生：当看新闻变成一种游戏体验[EB/OL].https://www.sohu.com/a/413818796_281328

改变了原有的媒体传播模式，将信息变得可见，表达形式尽可能轻松，以贴近读者。

案例：全球疫情之下，纽约很多人开始恐惧乘地铁。《纽约时报》在《让你看见地铁上的病毒颗粒》这个作品里，用3D建模还原了地铁车厢里空气是如何流动的，并且针对性地模拟了乘客戴口罩和不戴口罩打喷嚏的场景。通过这个可视化的新媒体作品，读者发现因为通风系统的存在，随喷嚏而出的口沫可能影响其他乘客，即便他不站在打喷嚏的人旁边。

四、注意挖掘数据并以可视化方式表达数据，传播数据

实际上，大部分可视化报道都是数据新闻的一种，基于此，欧美等国外媒体通过大数据的运用，把距离读者较远的新闻或者停留在表面的新闻，变成与读者休戚相关的新闻。

案例：2019年，路透社运用大数据打造了可视化作品《淹没在塑料的海洋里》，作品呈现了过去1年全球塑料瓶的销量—— 4800亿只，到底有多大？我们在作品中可以看到一小时、一天、一个月、一年、十年产生的塑料瓶能堆多高，结果很令人震撼，因为世界最高的建筑也比不过堆积成山的塑料瓶，可见我们消耗的塑料瓶数量之巨大。

上述这些国外媒体在新媒体传播上的一些尝试，代表着国际传播的创新方向，了解这些新型传播方式，对于我国的新媒体对外传播具有借鉴意义。

链接：为实现新媒体对外传播的效果最大化，新媒体对外传播的平台，要采取“多手抓，多手都要硬”的策略。首先，要用好自有平台，如中国主流媒体的英文新闻客户端、多语种网站，牢牢把

握住平台的自主权。其次，要善用、活用国外的主流社交媒体平台，如Facebook、Twitter、Youtube等，打通更多内容传播路径；最后，要有合作意识，如与海外一些主流媒体网站达成内容互换协议，促成新媒体产品在海外的落地传播。

第三节　新媒体对外传播的未来走向

全球新冠疫情的暴发，让全世界的人民都更深地体会到了“人类命运共同体”的内涵。这一理念对于新媒体在全球范围内的对外传播同样具有指导意义。未来，新媒体对外传播内容建设的方向应是旨在推动跨文化沟通与全球治理的、多媒体融合的“全球新闻”。

一、“全球新闻”的含义

“全球新闻”的含义：旨在促进全球范围内的信息自由沟通与交流，传播主体是多元的，传播对象可能是全球范围内的任何一个人，传播的议题是全人类的共同话题，体现的是人文关怀。①

清华大学新闻与传播学院教师戴佳、史安斌认为，从传播目的来看，维护国家利益，塑造民族国家的国际形象是国际传播的根本目的；促进全球范围内信息的自由沟通与交流则是全球新闻的宗旨。②

新媒体对外传播的内容重点就应该是这样的全球新闻，因为它能使外国受众在注意力持久性上得到延续和增强。

①刘滢．新媒体对外传播的着力点与未来走向[J]．青年记者，2016（28）：19-21．

②戴佳，史安斌．“国际新闻”与“全球新闻”概念之辨——兼论国际新闻传播人才培养模式创新[J].清华大学学报（哲学社会科学版），2014，29（01）：42-52.

二、如何打造“全球新闻”

我国的新媒体对外传播要从提供优质内容的角度出发，跳出传统对外报道的局限，打造为世界各国人民福祉贡献力量的“全球新闻”。

首先，打破国与国之间的疆界，把整个世界作为传播活动的发生地统筹安排新闻生产，重建新闻话语体系，重新评估传播效果，对外报道不仅要“讲好中国故事”，也要“讲好世界故事”。

其次，用全球化的眼光考量本土经验。一方面，密切关注全球各个角落正在发生的新闻，探寻新闻事件与整个世界和全人类的关系，从信息沟通和增加全球知识的出发点进行新闻报道。另一方面，把本土经验置于全球的视角下进行考量，发掘本地新闻对世界的影响和意义。

最后，推动全球沟通与治理。无论是从国家对外交往的角度还是从媒体的全球新闻传播角度，均应把关乎人类共同命运的议题放在优先传播的位置，在实践中通过全球新闻的生产共同抵御全球风险。

三、新媒体对外传播注意事项

(一)尊重事实,辨明真伪

社交媒体的兴起虽然为新媒体对外传播提供了广阔的平台，但与主流媒体相比，社交媒体的公信力尚未建立，是新闻造假和传播的重灾区，稍有不慎，就有可能跌进陷阱，成为假新闻的牺牲品。

所以，我国在应用新媒体进行对外传播时，从社交媒体中找到的材料在使用前必须通过有效渠道辨别真伪，如图片视频使用前需追根溯源，经过层层求证确定没有问题后才能使用。一定要将社会效益放在第一，不能一味追求轰动效应和点击量，在新媒体对外传播中，做到尊重事实，不做“标题党”，不迎合和推动负面、偏激的舆论话题等。坚持准确比速度更重要的底线。

（二）传播内容要客观公正，不伤害国际受众的感情

在对外传播中，中国国际形象的塑造变得极为重要，基于此，在传播内容时一定要做到有理有据，客观公正地呈现事实，不把狭隘的民族主义情感贯穿在字里行间，在报道中“拉仇恨”等，要避免引发不必要的国际冲突。

（三）改变对外传播的话语策略，采用“他说”策略

对外传播应讲求方法和技巧，比起直接“摇旗呐喊”，将观点隐藏在“客观、公正”的新闻报道中，让海外受众自己做出判断，传播效果会更好。比如，采取“他说”策略，即借别人之口说出自己想要说的话，可以打消受众的防范心理，增强受众对报道的认同感。

比如，人民日报海外网2019年8月26日报道了《希腊大叔喊话香港年轻人：辨是非 停暴力》，文中的“希腊大叔”彼得是一位富有正义感的国际友人，因一段怒怼香港激进示威者的视频走红。视频拍摄于澳大利亚阿德莱德街头，当“港独”分子发起示威集会时，这位路过的大叔忍不住发出灵魂三问，“你们是想让英国回香港吗？”“如果内地对香港切断供应，香港要怎么存活？”“你觉得这样可以拯救香港吗？”8月26日当天，“希腊大叔”登上新闻联播，接受央视记者采访时表示，西方媒体经常扭曲事实，对中国存在严重偏见。凭借像希腊大叔这样的外国民众之口向外国受众揭露真相，发出有利于中国的正义之声，可信度自然更大，会大大增强国际受众对中国媒体的信任度与认同度。

另外，新媒体的对外传播不要经常为了迎合传播方式的要求，丧失

了新闻传播的完整性、内容的深度，以及解读的充分性，没有为外国受众提供足够生动鲜活的、能够引起他们共鸣的报道，使外国受众虽然看到了我们发布的视频，安装了我们推广的APP，也关注了我们在海外社交平台上开设的媒体账号，但是并没有充分了解我们要传播的核心思想，没有形成“高忠诚度”，从而使目前我国新媒体对外传播吸引的大量粉丝和评论充满了“僵尸粉”和负面评论，这也是我们应该加以重视和改进的。

链接：要做好国际传播，中国对外传媒任重道远。首先，需要着力打造一批熟练掌握外语、深谙传播技巧，维护国家利益的新媒体人才；其次，需要学习、借鉴和分辨国际传媒的传播技巧，为我所用，提高媒体的可读性和可信度；最后，需要站在中国与海外的双重视角，学会运用多元化的表述手法，兼顾中华话语的国际化表达，潜移默化地扩大中国传媒的国际影响力。

后　　记

2019年6月25日，中国社会科学院新闻与传播研究所及社会科学文献出版社共同在京发布了《新媒体蓝皮书：中国新媒体发展报告No.10（2019）》，书里预测了中国新媒体发展的十大趋势。

第一，数字经济成为我国经济高质量发展的核心动力；

第二，人工智能和5G商用将开启智能互联新时代；

第三，以短视频为代表的网络视频业发展势头强劲；

第四，工业互联网蓬勃发展，传统产业加速数字化转型升级；

第五，互联网巨头多向布局，竞争边界模糊；

第六，网络空间主流意识形态建设将得到进一步加强；

第七，信息消费将成为最具活力的消费领域之一；

第八，新零售向深层次数字化发展；

第九，粉丝经济成为互联网经济的重要商业模式；

第十，网络扶贫持续走向深入。

这十大趋势说明新媒体不但极其重要，而且将成为一个发展极快的领域。

在这个新媒体发展“苟日新，日日新，又日新”的时代，跟上它的更新迭代并不是一件容易的事。从本书的写作内容中也可以窥见新媒体从微博、微信生态到短视频，再到直播、“年轻态喜剧”的变迁。

但是，认识新媒体这一事物，如果我们总是把目光聚焦在它的千变万化上，只会让我们眼花缭乱，只知其表，不知其里，始终在门外徘徊。为了更清晰地认识新媒体行业，我们有必要抓住新媒体不变的内容——行业本质、内容创作的核心与技巧、方法论及底层逻辑。这也是本书内容给读者提供的借鉴所在，可以说本书不仅是在分享新媒体内容之术，更是在传递新媒体内容之道。

在这本书里，笔者只是想把这些年关于新媒体内容创作的实操经验，及在实践中对新媒体不断深化的认知和感悟，分享给更多的有志于从事新媒体行业的年轻人及对新媒体怀有极大兴趣、渴望进一步了解的读者，帮助他们在新媒体创作的道路上少走弯路，迅速找对方向。

鉴于当下互联网迅猛发展的大环境，关于新媒体的很多内容都在快速更新迭代，本书也难免有疏漏的地方，欢迎广大读者批评指正。

从文字到图形，从国内到海外，新媒体的版图在不断扩大，这也为新媒体未来的发展提供了无限可能。可以预见的是，未来的新媒体将不仅仅局限于承担单一的传播信息的职能，其应用价值也将会不断地被深入挖掘，进一步对整个社会产生积极的影响。让我们拭目以待，共同前行！